PB- I -189

Bevölkerungsrückgang in der Bundesrepublik

MATERIALIEN
des Instituts der deutschen Wirtschaft 2

Günter Buttler

Bevölkerungsrückgang in der Bundesrepublik

Ausmaß und Konsequenzen

Deutscher Instituts-Verlag GmbH

CIP-Kurztitelaufnahme der Deutschen Bibliothek

Buttler, Günter:
Bevölkerungsrückgang in der Bundesrepublik:
Ausmaß u. Konsequenzen / Günter Buttler.
[Hrsg. vom Inst. d. dt. Wirtschaft]. —
Köln: Deutscher Instituts-Verlag, 1979.
 (Materialien des Instituts der deutschen
 Wirtschaft; 2)
 ISBN 3-88054-371-2

Herausgegeben vom Institut der deutschen Wirtschaft

© 1979 Deutscher Instituts-Verlag GmbH,
Oberländer Ufer 84–88, Postfach 510 670, 5000 Köln 51, Telefon 3 70 43 41

Lektorat: Dipl.-Vw. Frauke Lill-Roemer

Druck: Bercker GmbH, Kevelaer

Inhalt

Vorwort	11
Zur Aktualität des Themas	14
1. Die demographische Situation	17
1.1 Weltbevölkerung	17
1.2 Industrieländer	27
1.3 Bundesrepublik Deutschland	38
1.3.1 Bevölkerungsentwicklung	38
1.3.2 Ursachen des Geburtenrückgangs	45
1.3.3 Zukunftsperspektiven	48
1.3.3.1 Wohnbevölkerung insgesamt	50
– Fruchtbarkeit	50
– Sterblichkeit	53
– Wanderungen	53
– Wohnbevölkerung nach Deutschen und Ausländern getrennt	54
1.3.3.2 Ergebnisse	54
– Entwicklung der Wohnbevölkerung	54
– Bevölkerungsentwicklung bei Deutschen und Ausländern	58
– Altersstruktur	60
2. Auswirkungen des Bevölkerungsrückganges	68
2.1 Wirtschaftswachstum	69
2.1.1 Nachfrage	70
2.1.2 Branchenspezifische Aspekte	77
2.1.3 Längerfristige Perspektiven	81
2.2 Arbeitsmarkt	88
2.2.1 Quantitative Entwicklung	88
2.2.2 Qualitative Veränderungen	95
2.2.3 Aufstiegschancen	101

2.3 Bildungssektor 102
2.4 Soziale Sicherung und Einkommensverteilung 114
2.5 Gesundheitswesen 125
2.6 Regionale Bevölkerungsverteilung und Infrastruktur 130
2.7 Familie 134
2.8 Gesellschaft und Politik 136

3. Ausblick 140

4. Zusammenhang 147

5. Tabellarischer Anhang 157

6. Anmerkungen 187

Verzeichnis der Tabellen

Seite

Tabelle 1: Entwicklung der Weltbevölkerung nach Erdteilen von 1750 bis 1975/76   158

Tabelle 2: Durchschnittliche jährliche Wachstumsraten der Weltbevölkerung nach Erdteilen von 1750 bis 1975/76 (in Prozent)   158

Tabelle 3: Bevölkerungsverteilung nach Erdteilen von 1800 bis 1975/76 (in Prozent)   19

Tabelle 4: Bevölkerungsdichte nach Erdteilen von 1800 bis 1975/76   159

Tabelle 5: Annahmen zu den Bevölkerungsprojektionen der Vereinten Nationen, 1970 und 2000   159

Tabelle 6: Projektion der Weltbevölkerung nach Erdteilen von 1970 bis 2000   160

Tabelle 7: Einwohnerzahlen ausgewählter westlicher Industrieländer von 1950 bis 1976   160

Tabelle 8: Bevölkerungswachstum ausgewählter westlicher Industrieländer von 1950 bis 1976   161

Tabelle 9: Bevölkerungsentwicklung ausgewählter westlicher Industrieländer nach Wachstumskomponenten von 1960 bis 1976   162

Tabelle 10: Nettoreproduktionsraten ausgewählter westlicher Industrieländer von 1960 bis 1975   163

Tabelle 11: Bevölkerungsprojektionen für ausgewählte westliche Industrieländer von 1975 bis 2000 (Millionen Einwohner)   163

Tabelle 12: Bevölkerungsprojektionen ausgewählter westlicher Industrieländer von 1975 bis 1990 (in Prozent) nach Altersklassen   164

Tabelle 13: Bevölkerungsentwicklung der Bundesrepublik Deutschland nach Wachstumskomponenten von 1950 bis 1976 in 100 000   38

Tabelle 14: Todesfälle, Sterberaten und mittlere Lebenserwartung für Männer und Frauen in der Bundesrepublik Deutschland von 1950 bis 1976   164

Tabelle 15: Familienstrukturen ausgewählter Ehejahrgänge nach 20jähriger Ehedauer, Bundesrepublik Deutschland   165

Tabelle 16: Kinderzahl der Ehen: Modellrechnung unter der Annahme jeweiliger Geburtenhäufigkeiten der Jahre 1966, 1972 und 1975   165

Tabelle 17: Kinderzahl je 100 Ehen in der Bundesrepublik Deutschland, Annahme: Geburtenhäufigkeit von 1975 und Nettoreproduktionsrate von 1 (Modell)   52

Tabelle 18: Übersicht über die verschiedenen Annahmekonstellationen der Modellrechnungen zur Bevölkerungsentwicklung in der Bundesrepublik Deutschland   166

Tabelle 19:	Wohnbevölkerung der Bundesrepublik Deutschland von 1976 bis 2070, Annahme: gleichbleibende Fruchtbarkeit	167
Tabelle 20:	Wohnbevölkerung der Bundesrepublik Deutschland von 1976 bis 2070, Annahme: rückläufige Fruchtbarkeit	168
Tabelle 21:	Wohnbevölkerung der Bundesrepublik Deutschland von 1976 bis 2070, Annahme: ansteigende Fruchtbarkeit	169
Tabelle 22:	Wohnbevölkerung der Bundesrepublik Deutschland von 1976 bis 2070 nach Staatsangehörigkeit, Annahme: gleichbleibende Fruchtbarkeit	170
Tabelle 23:	Einwohner der Bundesrepublik Deutschland nach Altersklassen von 1976 bis 2070, Annahme: gleichbleibende Fruchtbarkeit	171
Tabelle 24:	Einwohner der Bundesrepublik Deutschland nach Altersklassen von 1976 bis 2070, Annahme: rückläufige Fruchtbarkeit	172
Tabelle 25:	Einwohner der Bundesrepublik Deutschland nach Altersklassen von 1976 bis 2070, Annahme: ansteigende Fruchtbarkeit	173
Tabelle 26:	Wohnbevölkerung der Bundesrepublik Deutschland von 1976 bis 2070, Annahme: langsam ansteigende Fruchtbarkeit	174
Tabelle 27:	Durchschnittsalter (in Jahren) der Wohnbevölkerung von 1976 bis 2070	66
Tabelle 28:	Preisbereinigte Einnahmen und Ausgaben von Vier-Personen-Arbeitnehmerhaushalten mit mittlerem Einkommen, 1968 und 1976	175
Tabelle 29:	Durchschnittliche jährliche prozentuale Veränderung des Volkseinkommens je Einwohner bei 3 Prozent Wachstum	176
Tabelle 30:	Erwerbspersonenzahlen bei unterschiedlichen Annahmen über die Fruchtbarkeit in der Bundesrepublik Deutschland von 1976 bis 2070	176
Tabelle 31:	Erforderliche jährliche Erhöhung der Arbeitsproduktivität zur Erreichung einer Wachstumsrate von 3 Prozent sowie mögliche Wachstumsraten bei einer jährlichen Erhöhung der Arbeitsproduktivität um 3,5 Prozent, von 1976 bis 2070	177
Tabelle 32:	Erwerbspersonenzahlen und Erwerbsquoten bei unterschiedlichen Annahmen über die Fruchtbarkeit, Bundesrepublik Deutschland, von 1976 bis 2070	177
Tabelle 33:	Auszubildende bei unterschiedlichen Annahmen über die Fruchtbarkeit, Bundesrepublik Deutschland, von 1976 bis 2070	178
Tabelle 34:	Altersstruktur der Erwerbspersonen (in Prozent) und Durchschnittsalter (in Jahren) von 1976 bis 2070, Annahme: gleichbleibende Fruchtbarkeit	179

Tabelle 35:	Kindergartenplätze je Kind bei unterschiedlicher Annahme über die Fruchtbarkeit, Bundesrepublik Deutschland, von 1976 bis 2070	179
Tabelle 36:	Schülerzahlen der allgemeinbildenden Schulen in der Bundesrepublik Deutschland von 1976 bis 2070 (in Tausend), Annahme: gleichbleibende Fruchtbarkeit	180
Tabelle 37:	Durchschnittliche jährliche Veränderungen der Schülerzahlen der allgemeinbildenden Schulen in der Bundesrepublik Deutschland von 1976 bis 2070, Annahme: gleichbleibende Fruchtbarkeit	181
Tabelle 38:	Schülerzahlen der allgemeinbildenden Schulen in der Bundesrepublik Deutschland von 1976 bis 2070 (in Tausend), Annahme: ansteigende Fruchtbarkeit	182
Tabelle 39:	Die Relation Schüler zu Lehrer nach Schularten in ausgewählten westlichen Industrieländern im Jahr 1974	108
Tabelle 40:	Studentenzahlen in der Bundesrepublik Deutschland von 1976 bis 2070, Annahme: unterschiedliche Entwicklung der Fruchtbarkeit	183
Tabelle 41:	Entwicklung der Belastung der Aktiven bei Ansatz der Kostenrelation von Hilde Wander (1976 ≙ 100) von 1976 bis 2070	118
Tabelle 41 a:	Entwicklung der Belastung der Aktiven bei Ansatz der Kostenrelation von Hilde Wander (in Prozent) – unterschiedliche Fruchtbarkeitsannahmen –	184
Tabelle 42:	Entwicklung des Beitragssatzes für die gesetzliche Altersversorgung von 1976 bis 2070	119
Tabelle 42 a:	Relation alte Menschen/Erwerbspersonen und Entwicklung des Beitragssatzes für die gesetzliche Altersversorgung – unterschiedliche Fruchtbarkeitsannahmen –	184
Tabelle 43:	Aufteilung der Sozialleistungen in der Bundesrepublik Deutschland 1975 nach Altersgruppen	185
Tabelle 44:	Entwicklung der globalen Sozialleistungsquote nach dem Ansatz von Ulrich Geißler, 1975 bis 2070	124
Tabelle 44 a:	Veränderung der globalen und der spezifischen Sozialleistungsquoten nach Vorschlag von Geißler – unterschiedliche Fruchtbarkeitsannahmen –	185
Tabelle 45:	Entwicklung der Krankenzahlen bei unterschiedlichen Fruchtbarkeitsannahmen von 1976 bis 2070	186
Tabelle 46:	Kranke in stationärer Behandlung/Krankenhausbetten von 1976 bis 2070 – unterschiedliche Fruchtbarkeitsannahmen –	127
Tabelle 47:	Ärzte und Krankenpflegepersonal bei unterschiedlichen Fruchtbarkeitsannahmen von 1976 bis 2070	186

Verzeichnis der im Text enthaltenen Schaubilder

Seite

Abbildung 1: Entwicklung der Weltbevölkerung nach Erdteilen, von 1750 bis 1975/76   17

Abbildung 2: Durchschnittliche jährliche Wachstumsraten der Weltbevölkerung nach Erdteilen (in Prozent) von 1750 bis 1975/76   18

Abbildung 3: Projektion der Weltbevölkerung nach Erdteilen von 1970 bis 2000   25

Abbildung 4: Einwohnerzahlen ausgewählter westlicher Industrieländer von 1950 bis 1976   27

Abbildung 5: Nettoreproduktionsraten ausgewählter westlicher Industrieländer von 1960 bis 1975   31

Abbildung 6: Bevölkerungsprojektionen für ausgewählte westliche Industrieländer von 1975 bis 2000 (Millionen Einwohner)   33

Abbildung 7: Kinderzahl der Ehen: Modellrechnung unter der Annahme jeweiliger Geburtenhäufigkeiten der Jahre 1966, 1972 und 1975   43

Abbildung 8: Wohnbevölkerung der Bundesrepublik Deutschland von 1976 bis 2070 bei unterschiedlicher Annahme über die Fruchtbarkeit   55

Abbildung 9: Einwohner der Bundesrepublik Deutschland von 1976 bis 2070 nach Altersklassen, Annahme: gleichbleibende Fruchtbarkeit   60

Abbildung 10: Altersstruktur der Bevölkerung, Bundesrepublik Deutschland von 1976 bis 2070, Annahme: gleichbleibende Fruchtbarkeit   61

Abbildung 11: Alterspyramiden der deutschen Bevölkerung 1976, 2000, 2030 und 2070, Annahme: gleichbleibende Fruchtbarkeit   63

Abbildung 12: Veränderung des Volkseinkommens je Einwohner bei 3 Prozent Wirtschaftswachstum, von 1976 bis 2070   81

Abbildung 13: Grenzen des Wirtschaftswachstums bei einer jährlichen Erhöhung der Arbeitsproduktivität um 3,5 Prozent von 1976 bis 2070   83

Abbildung 14: Erwerbspersonenzahlen von 1976 bis 2070   89

Abbildung 15: Erwerbsquoten von 1976 bis 2070   91

Abbildung 16: Altersstruktur der Erwerbspersonen von 1976 bis 2070, Annahme: gleichbleibende Fruchtbarkeit   96

Abbildung 17: Schülerzahlen der allgemeinbildenden Schulen von 1976 bis 2070   105

Abbildung 18: Studentenzahlen von 1976 bis 2070   113

Vorwort

In der mitunter mühsamen Diskussion langfristiger Entwicklungsperspektiven gewinnt der sich immer deutlicher abzeichnende Trend zur Bevölkerungsschrumpfung zunehmend an Gewicht. Dies ist nicht verwunderlich, gehen doch von einer fühlbar kleiner werdenden Bevölkerung mit Sicherheit starke, wenn auch nicht immer eindeutig zu definierende globale und strukturelle Wirkungen auf unsere gesamte Wirtschafts- und Sozialordnung aus. Manche der Aussagen über diese Wirkungen sind auf der Basis von Hypothesen über die Geburts- und Sterbeentwicklung einigermaßen quantitativ abzugreifen, andere sind allenfalls qualitativ und zuverlässig nur in der Tendenz zu schildern, wieder andere haben einen nicht nur qualitativen, sondern zudem äußerst spekulativen Charakter.

Gerade die zentrale Frage, die sich im Zusammenhang mit der Bevölkerungstendenz stellt, nämlich ob und inwieweit bei einem quantitativ bedeutsamen Rückgang der Bevölkerung, wie wir ihn bei Andauer der heutigen Entwicklungstendenz für die Zeit nach der Jahrhundertwende erwarten müssen, Wachstum weiter möglich bleibt, läßt sich allenfalls unter Zweifeln positiv beantworten. Noch schwieriger als die Analyse der zu erwartenden Auswirkungen der Bevölkerungsschrumpfung sind Aussagen über politische Folgerungen, die aus der rückläufigen Bevölkerungsentwicklung zu ziehen sind. Sowohl eine „aktive", auf Geburtenvermehrung ausgerichtete Bevölkerungspolitik als auch die gar nicht so „passive" Anpassungspolitik, die auf die Geburtenentwicklung selbst keinen Einfluß nimmt, aber deren Folgen abzufangen versucht, werden in erheblichem Maße problemhaltig und zudem mit großen finanziellen Folgewirkungen belastet. Ohnehin reicht die Dimension jeder dieser beiden Arten und Möglichkeiten von Bevölkerungspolitik über das rein Ökonomische hinaus in Bereiche der Sozialethik und Gesellschaftspolitik. Das besondere ökonomisch-finanzielle Risiko der aktiven Bevölkerungspolitik liegt in ihrer mangelnden Erfolgssicherheit bei gleichzeitig hohem Finanzbedarf, das der Anpassungsstrategie in der Koppelung von gleichfalls hohem Finanzbedarf und ungesichertem Wachstumsverlauf. Die Optionen für die Politik, die sich zwischen diesen beiden Extremen strategischer Möglichkeiten bewegen, sind damit äußerst risikobelastet – jedenfalls in stärkerem Maße als andere Bereiche der Politik.

Diese besondere Relevanz der Bevölkerungsentwicklung für unsere gesamtwirtschaftliche Entwicklung, unsere wirtschaftlichen und sozialen Strukturen sowie den politischen Entscheidungsprozeß haben uns veranlaßt, als zweiten Band dieser „Materialien" eine umfassende empirische Untersuchung über Ausmaß und Konsequenzen des Bevölkerungsrückganges in der Bundesrepublik zu veröffentlichen. Der Autor, Professor Dr. Günter Buttler, Ordinarius für Statistik an der Friedrich-Alexander-Universität Erlangen–Nürnberg, hat den großangelegten Versuch gewagt, sowohl die demographischen Perspektiven der Bundesrepublik als auch deren Auswirkungen für die soziale und wirtschaftliche Entwicklung zu analysieren, wobei er, soweit wie irgend möglich, zu quantitativen Abschätzungen dieser Auswirkungen zu gelangen bemüht war.

Diese Untersuchung schließt sich im übrigen auch thematisch an den ersten Band der „Materialien" an, in dem die Autoren Günter Buttler und Bernd Hof Modellrechnungen zum Thema „Bevölkerung und Arbeitsmarkt bis zum Jahre 2000" vorgelegt hatten. Mit der Veröffentlichung dieser neuen Untersuchung zum Verhältnis von Demographie und sozioökonomischer Entwicklung beabsichtigt das Institut der deutschen Wirtschaft die vielfältigen, stark verästelten Auswirkungen des säkularen Bevölkerungstrends auf die wirtschaftliche und soziale Entwicklung zu systematisieren, zu vervollständigen und zu verfeinern. Dabei sind wir uns bewußt, daß nur auf der Basis einer umfassenden und verbesserten Transparenz dieser Entwicklungsprozesse unter besonderem Risiko stehende politische Entscheidungen getroffen werden können.

Köln, im Juni 1979   Otto Vogel

Zur Aktualität des Themas

Seit einigen Jahren schon machen sich Wissenschaftler und Politiker Gedanken über den Bevölkerungsrückgang in der Bundesrepublik Deutschland, über Ursachen und mögliche Konsequenzen.[1] Die breite Öffentlichkeit ist informiert, wenn sich etwa die ARD mit der Frage auseinandersetzt „Sterben die Deutschen aus?"[2] oder wenn der Spiegel unter der gleichen Schlagzeile sogar eine Titelgeschichte bringt.[3]

Auf den ersten Blick erscheint die Bevölkerungsentwicklung in der Bundesrepublik keinesfalls dramatisch, obwohl die Einwohnerzahlen seit 1974 leicht zurückgehen. Die Situation ist jedoch nicht so harmlos, wie es die globalen Zahlen zunächst vermuten lassen. Denn bereits seit 1972 weist die Bundesrepublik ein Geburtendefizit auf, es sterben mehr Leute als geboren werden. Allein die positive Wanderungsbilanz, vornehmlich der Zuzug ausländischer Arbeitnehmer und ihrer Familien, ließ die Bevölkerungszahl dennoch zunächst weiter ansteigen.

Mit dem Anwerbestopp Ende 1973 und der bald danach einsetzenden wirtschaftlichen Rezession versiegte aber auch dieser Zustrom. Seit 1975 überwiegen sogar die Abwanderungen; so wird auch von daher ein Druck auf die Bevölkerungszahl ausgeübt.[4]

Der Umstand, daß die Zahl der Geborenen nicht mehr ausreicht, die Todesfälle zu kompensieren, wäre nicht weiter bedenklich, handelte es sich dabei nur um eine vorübergehende Erscheinung. Die Zahl der Geburten hat jedoch seit 1964 ständig abgenommen, und zwar im wesentlichen aufgrund tiefgreifender Veränderungen des generativen Verhaltens der jüngeren Bevölkerung. Auch wenn sich dieser Trend in den letzten Jahren deutlich abgeflacht hat, spricht zur Zeit doch noch nichts für eine Tendenzwende. Die wäre nötig, sollte die Zahl der Geborenen wieder auf das Niveau ansteigen, das langfristig zur Stabilisierung der Bevölkerungszahl ausreicht. Gegenwärtig wird dies Niveau etwa um ein Drittel unterschritten.

Es ist verschiedentlich durchgerechnet worden, wie sich die Bevölkerungszahl in der Bundesrepublik verändern wird, falls die augenblicklichen Verhältnisse in den nächsten Jahrzehnten fortdauern. Die Resultate sind in der Tat alarmierend. Nach Schwarz[5] wird sich die deutsche Bevölkerung von derzeit über 57 Millionen auf 52,2 Millionen im Jahre 2000 reduzieren, auf 39,4 Millionen im Jahre 2030 und auf 22 Millionen im Jahre 2070. In knapp 100 Jahren würde sich die deutsche Bevölkerung demnach um über 60 Prozent verringern.

Derartige Berechnungen basieren auf genau spezifizierten Annahmen, in diesem Fall auf einer Konstanz der gegenwärtigen Geburten- und Sterblichkeitsverhältnisse. Mit Sicherheit werden beide Phänomene nicht über 100 Jahre lang konstant bleiben. Es wäre jedoch verfehlt, allein deshalb die Ergebnisse auf die leichte Schulter zu nehmen und auf einen späteren ausreichenden Anstieg der Geborenenzahlen zu hoffen. Im Augenblick deutet sogar einiges darauf hin, daß die Geburtenhäufigkeit noch weiter zurückgeht.

Es ist nicht verwunderlich, wenn angesichts dieser Aussichten Maßnahmen gefordert werden, die den Abwärtstrend stoppen oder gar ins Gegenteil verkehren sollen. Unterschwellig mögen dabei manchmal ideologische Motive eine Rolle spielen, indem Bevölkerungszahl mit weltpolitischem Einfluß gleichgesetzt wird, Bevölkerungswachstum als Zeichen von Dynamik und Lebenskraft, ein Schrumpfen der Bevölkerung dagegen als Dekadenz und mangelnde Vitalität angesehen wird. In der Mehrzahl dürften die warnenden Stimmen jedoch von der Besorgnis motiviert sein, ob unser Wirtschafts- und Gesellschaftssystem eine dauerhaft rückläufige Bevölkerungszahl unbeschadet verkraften kann, oder ob es nicht über kurz oder lang zu unerträglichen Spannungen kommen wird, die das bisher Erreichte ernsthaft gefährden.

Zwar ist es noch keinesfalls sicher, daß der Schrumpfungsprozeß ohne staatliche Eingriffe unabwendbar ist. Auch seine Konsequenzen lassen sich nach den heutigen Erkenntnissen noch keinesfalls mit Sicherheit angeben. Dennoch erscheint es notwendig, sich Gedanken darüber zu machen, welche Entwicklungstendenzen derzeit plausibel erscheinen und welche Folgen sich daraus für die Wirtschafts- und Gesellschaftsordnung ergeben können. Nur so lassen sich, wenn überhaupt, rechtzeitig Vorkehrungen treffen, um unerwünschte Veränderungen in Grenzen zu halten, sei es, daß Maßnahmen für eine Erhöhung der Bevölkerungszahl ergriffen werden, sei es, daß eventuelle negative Auswirkungen einer schrumpfenden Bevölkerung vermieden werden.

Da sich das Geschehen in der Bundesrepublik jedoch nicht isoliert abspielt und das gleiche Schicksal offenbar keinesfalls alle übrigen Länder trifft, scheint es zweckmäßig, zunächst einmal die demographische Entwicklung der Welt sowie die der westlichen Industrieländer mit der deutschen Situation zu vergleichen.

1. Die demographische Situation

1.1 Weltbevölkerung

Einigermaßen verläßliche Informationen über die Weltbevölkerung gibt es erst seit 30 Jahren. Die Schätzungen für frühere Jahrhunderte sind jedoch insoweit brauchbar, als sie zumindest Aussagen über die Veränderungstendenzen erlauben. Danach stieg die Bevölkerungszahl zunächst nur langsam an – bei allerdings unterschiedlichem Wachstumstempo der einzelnen Erdteile (vgl. Tabellen 1 und 2 im Anhang).

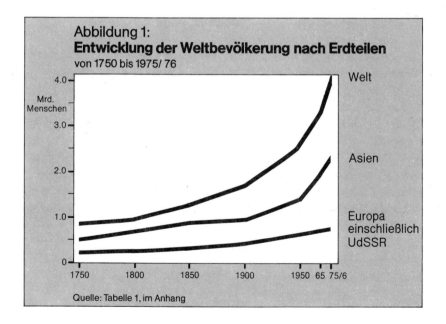

Abbildung 1:
Entwicklung der Weltbevölkerung nach Erdteilen
von 1750 bis 1975/76

Quelle: Tabelle 1, im Anhang

Die größten Zuwächse verzeichneten die Einwanderungskontinente Nord- und Lateinamerika, wo sich die Bevölkerung von 1750 bis 1950 vervielfachte. Im gleichen Zeitraum wuchs die Einwohnerzahl Europas dagegen „nur" auf das 3,4fache, die Asiens auf das 2,7fache, während sich die Bevölkerung Afrikas in 200 Jahren gerade verdoppelte.

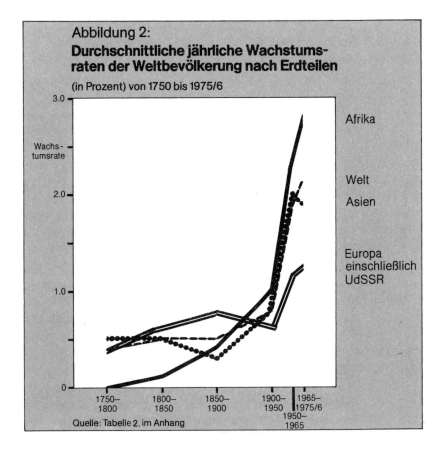

Abbildung 2:
Durchschnittliche jährliche Wachstumsraten der Weltbevölkerung nach Erdteilen
(in Prozent) von 1750 bis 1975/6

Etwa ab 1950 setzte dann ein beispielloser Bevölkerungsboom ein, der die Einwohnerzahlen aller Kontinente erheblich in die Höhe trieb. Die größten jährlichen Zuwachsraten hat mit 2,8 Prozent Lateinamerika. Es folgt Afrika, dessen Wachstumstempo jedoch erst in den letzten zehn Jahren ebenfalls auf 2,8 Prozent anstieg. Mit Ausnahme Afrikas scheint sich das Wachstumstempo jedoch nicht noch weiter zu beschleunigen. Die Zuwachsraten bleiben in etwa gleich oder gehen sogar zurück, am stärksten in Nordamerika von 1,7 auf 0,9 Prozent. Es ist also zu vermuten, daß die Weltbevölkerung in den nächsten Jahren und Jahrzehnten etwas weniger stark wächst, als es noch vor zehn Jahren den Anschein hatte.[6] Immerhin hat das unterschiedliche Wachstumstempo die „Bevölkerungs"-Gewichte zwischen den Erdteilen deutlich verschoben, wie Tabelle 3 zeigt.

Tabelle 3:
Bevölkerungsverteilung nach Erdteilen
von 1800 bis 1975/76
(in Prozent)

Erdteil	1800	1900	1950	1965	1975/76
Afrika	10,9	8,1	8,7	9,2	10,2
Asien	64,4	56,1	54,5	55,7	57,0
Lateinamerika	2,5	4,5	6,5	7,5	8,3
Nordamerika	0,7	5,0	6,7	6,5	5,9
Europa einschließlich UdSSR	21,3	26,1	23,0	20,5	18,1
Ozeanien	0,2	0,4	0,5	0,5	0,5
Welt	100	100	100	100	100

Quelle: Berechnet nach Tabelle 1

Seit 1900 ist der Anteil Asiens an der Weltbevölkerung mit rund 56 Prozent in etwa gleichgeblieben. Kontinuierlich gewonnen haben Lateinamerika und Afrika, während der Anteil Europas (einschließlich der UdSSR) von 26,1 auf 18,2 Prozent zurückgegangen ist. Nordamerika hatte bis 1950 ein überproportionales Wachstum, von da ab fällt sein Bevölkerungsanteil wieder zurück.

Die absoluten Bevölkerungszahlen wie auch die Zuwachsraten sind zunächst nur beschränkt aussagefähig, da sie zwar die Bevölkerungsmasse der einzelnen Kontinente und ihre Expansion angeben, jedoch nichts über die Besiedlungsdichte aussagen. Aussagekräftiger ist die Bevölkerungsdichte, die Relation zwischen Einwohnerzahl und Fläche eines Gebietes. Aber auch sie kann als Durchschnittswert nicht alle Fragen beantworten, da die einzelnen Kontinente in unterschiedlichem Ausmaß Regionen enthalten, die sich wie zum Beispiel Wüsten oder Urwälder nur sehr bedingt für eine Besiedlung eignen.

Immerhin läßt sich aus Tabelle 4 (im Anhang) ersehen, daß die Bevölkerungsdichte in den beiden amerikanischen Subkontinenten relativ am stärksten gestiegen ist. Sie bleibt mit 16 Einwohnern je qkm für Lateinamerika und 12 für Nordamerika aber noch erheblich hinter der von Europa mit 37 und Asien mit 85 zurück. Läßt man bei Europa die Sowjetunion einschließlich ihrer dünn besiedelten asiatischen Landesteile außer Betracht, ergibt sich für das übrige Europa eine Bevölkerungsdichte von 96 Einwohnern je qkm. Zum Vergleich hierzu mag die Bevölkerungsdichte der Bundesrepublik mit 247 Einwohnern je qkm dienen.

Zwar reicht der Lebensraum der Erde als Ganzes zur Zeit noch aus, eine Bevölkerung von etwa 4 Milliarden Menschen zu unterhalten, auch wenn einige Gebiete ihre Bewohner offenbar nicht mehr angemessen ernähren können. Dies ist jedoch weniger eine Folge der absoluten Bevölkerungszahl, da es vergleichbare Mangellagen auch in früheren Zeiten gegeben hat, als diese Gebiete wesentlich schwächer besiedelt waren. Ausschlaggebend ist vielmehr, daß die Steigerung der Nahrungsmittelproduktion mit dem Bevölkerungszuwachs dort nicht Schritt hält. Da die Weltbevölkerung jedoch nicht stagniert, sondern weiter rasch wächst, mehren sich die Stimmen, die nicht nur die landwirtschaftlichen Kapazitäten auf Dauer für zu gering halten, sondern die auch eine baldige Erschöpfung der Rohstoffquellen dieser Erde prophezeien. Hinzu kommt die Befürchtung, daß die Umweltbelastungen, die bereits jetzt das Leben in den Ballungsgebieten beeinträchtigen, immer weitere Bereiche dieser Erde umfassen. Das würde aber dazu führen, daß die Selbstheilungs- und Selbstreinigungskräfte, die bislang von den intakten Regionen ausgingen, immer schwächer werden, so daß die Erde schließlich ganz zu verseuchen droht.

Diese düsteren Zukunftsperspektiven könnten dann Wirklichkeit werden, wenn nicht rechtzeitig wirksame Gegenmaßnahmen eingeleitet werden. Ob es dazu kommt, läßt sich nicht vorhersagen. Allerdings dürfte der menschliche Erfindungsreichtum durchaus in der Lage sein, eine Wende herbei zu führen.

- Die Verbesserung der Ernährungslage dürfte das kleinste Problem sein. Der Mangel an Nahrungsmitteln in bestimmten Ländern ist heute oft weniger ein Produktions- als vielmehr ein Verteilungsproblem. Länder mit modernen Anbaumethoden erzeugen große Überschüsse, die sich sogar noch weiter steigern ließen. Auch in den Defizitländern läßt sich die Produktionsmenge durch verbesserte Anbaubedingungen, ertragreichere Sorten sowie Fortschritte in der Schädlingsbekämpfung erhöhen; zahlreiche Beispiele beweisen das. Sollten diese Möglichkeiten dennoch nicht ausreichen, könnten mit der industriellen Erzeugung von Nahrungsmitteln, die bisher noch in den Kinderschuhen steckt, völlig neue Größenordnungen der Produktion erschlossen werden.

- Die Erschöpfung der Rohstoffquellen läßt sich auf Dauer nicht völlig vermeiden. Durch eine verbesserte und vor allem sparsamere Ausnutzung kann dieser Zeitpunkt jedoch wesentlich hinausgeschoben werden. Welche Möglichkeiten dabei entdeckt werden, zeigt die aktuelle Energiediskussion. Werden einzelne Rohstoffe dennoch knapp, kann ein verbessertes Recycling sowie die Erschließung von Substitutionsressourcen Abhilfe schaffen.

- Irreparable Umweltschäden zu vermeiden, ist primär eine Kostenfrage. Hierdurch wird ein Teil des Wirtschaftswachstums absorbiert, der folglich nicht mehr für eine rasche Steigerung des materiellen Lebensstandards zur Verfügung steht. In den Industrieländern beginnt sich die Bereitschaft zu einem derartigen Verzicht allmählich durchzusetzen. In den Entwicklungsländern dagegen, deren Bevölkerung teilweise nicht mehr, in einigen Fällen sogar weniger als das Existenzminimum erreicht, ist die

Einsicht in die Notwendigkeit eines – kurzfristig ertraglosen – Umweltschutzes dagegen kaum vorhanden.

Angesichts der hier skizzierten Möglichkeiten, von denen man nicht weiß, in welchem Umfang sie genutzt werden, bringt es nichts ein, zu fragen, wie stark die Weltbevölkerung in den nächsten Jahrzehnten wachsen darf, damit sich die Lebensverhältnisse in weiten Teilen der Erde nicht noch mehr verschlechtern. Doch selbst wenn man eine Antwort finden könnte, wäre es fraglich, ob international ein Konsens darüber zu erzielen wäre, diese Zahlen als politische Zielvorstellungen zu propagieren, geschweige denn, daß man die Möglichkeit hätte, sie auch nur annähernd zu realisieren.

Es ist daher wenig nützlich, nach einem optimalen Bevölkerungswachstum zu fragen. Sinnvoller ist es, zu ermitteln, welche Bevölkerungsentwicklung aus heutiger Sicht plausibel erscheint. Dabei müssen selbstverständlich die Lebens- und Umweltverhältnisse berücksichtigt werden, da sich das Bevölkerungswachstum auch an ihnen orientiert.

Die Vereinten Nationen erstellen von Zeit zu Zeit Projektionen der Weltbevölkerung. Es sind dies Vorausberechnungen aufgrund präziser Annahmen über die Faktoren, die das Bevölkerungswachstum beeinflussen, nämlich Sterblichkeit und Fruchtbarkeit. Da die Ergebnisse üblicherweise aus den Projektionen für die einzelnen Länder zusammengefaßt werden, sind zusätzlich die Bevölkerungsverschiebungen zwischen den Ländern, die Wanderungen, zu berücksichtigen.

Basisjahr für die aktuellen Berechnungen ist 1970.[7] Allerdings wurden, soweit verfügbar, neuere Entwicklungen der siebziger Jahre hinzugezogen. Um die Unsicherheit derartiger Aussagen zu kennzeichnen, wurden drei verschiedene Varianten ermittelt. Die mittlere Variante stellt dabei den plausibelsten Bevölkerungstrend dar, wie er sich aufgrund der Vergangenheitsentwicklung und der gegenwärtigen Umstände ergibt. Die niedrige und die hohe Variante bilden die Grenzen für mögliche Abweichungen.

Die wichtigsten Annahmen sind:

– Die Fruchtbarkeit geht allgemein von ihrem derzeit hohen Niveau auf das Reproduktionsniveau zurück. Der Übergang benötigt allerdings unterschiedlich lange Zeiträume. Zwischen 30 und 70 Jahre soll es danach dauern, bis die Fruchtbarkeit gerade ausreicht, die Bevölkerungszahl auf lange Sicht konstant zu halten.

– Die Sterblichkeit soll sich ebenfalls in unterschiedlichem Maß verringern, so daß die durchschnittliche Lebenserwartung der Menschen entsprechend rascher oder langsamer ansteigt.

Niveau und Veränderung der Fruchtbarkeit werden durch die sogenannte Bruttoreproduktionsrate charakterisiert. Das ist die Zahl von Mädchen, die eine Frau im Laufe ihres Lebens, präzise im Alter zwischen 15 und 45 Jahren, im Durchschnitt zur Welt bringt. Dabei wird allerdings das – geringe – Sterberisiko der Frauen bis zu diesem Alter außer acht gelassen. Eine Bruttoreproduktionsrate von 1 bedeutet also, daß die betreffende Frauengeneration sich durch ihre Geburten – in etwa – ersetzt.[8]

Ausdruck der Sterblichkeitsverhältnisse ist die mittlere Lebenserwartung Neugeborener. Es handelt sich dabei um das durchschnittliche Lebensalter, das Neugeborene unter den derzeitigen Sterberisiken erreichen. Tabelle 5 (im Anhang) zeigt, welche Annahmen der mittleren Variante der Bevölkerungsprojektion der Vereinten Nationen zugrunde liegen. Danach nimmt die Bruttoreproduktionsrate bis zum Jahre 2000 in der Welt im Durchschnitt von 2,13 auf 1,60 ab, das entspricht einem Rückgang von 25 Prozent. Gleichzeitig steigt die mittlere Lebenserwartung von 55,2 auf 64,1 Jahre.

Für die Kontinente ergibt sich ein äußerst differenziertes Bild. Eine Bruttoreproduktionsrate von derzeit etwa 1 weisen Nordamerika und Europa auf. Während in diesen Gebieten die Fruchtbarkeit bis zum Jahr 2000 nur noch leicht zurückgeht, reiht sich bis dahin auch

Ostasien in die Gruppe der Länder ein, in denen die Fruchtbarkeit in etwa auf dem Reproduktionsniveau liegt. Mit einer hohen Fruchtbarkeit auch im Jahre 2000 wird vor allem in Afrika, aber auch in Lateinamerika und Südostasien gerechnet.

Bemerkenswert an Tabelle 5 ist noch, daß Kontinente mit niedriger Fruchtbarkeit gleichzeitig eine hohe Lebenserwartung haben und umgekehrt. Mit rückläufiger Fruchtbarkeit erhöht sich entsprechend die Lebenserwartung. Dies Phänomen ist in einer Theorie des demographischen Übergangs eingefangen worden, die die Entwicklung von Fruchtbarkeit und Sterblichkeit von Bevölkerungen im Laufe ihrer Geschichte beschreibt.

Nach der Theorie des demographischen Übergangs sind zu Beginn sowohl Fruchtbarkeit als auch Sterblichkeit hoch, so daß es insgesamt nur zu einem geringfügigen Wachstum kommt. Diese Situation war typisch für die Weltbevölkerung der vergangenen Jahrhunderte und Jahrtausende. Mit der Verbesserung der Lebensverhältnisse, vor allem der medizinischen Versorgung, sinkt zunächst die Sterblichkeit, die Menschen leben länger, es steigt die Lebenserwartung. In dieser Phase befinden sich derzeit offenbar die meisten Entwicklungsländer. Da die Fruchtbarkeit nach wie vor hoch ist, steigen die Bevölkerungszahlen rasch an. Erst später sinkt auch die Fruchtbarkeit, so daß sich das Bevölkerungswachstum wieder normalisiert. In dieser Situation sind gegenwärtig die meisten Industrieländer.

Sollte die Theorie des demographischen Übergangs allgemeine Gültigkeit haben, so ist früher oder später damit zu rechnen, daß auch das Bevölkerungswachstum der Entwicklungsländer nachläßt. Fraglich ist nur, auf welchem Niveau diese Phase erreicht wird. Die Vereinten Nationen machen dazu recht vorsichtige Annahmen. Sie unterstellen, daß auch in der mittleren Variante die Fruchtbarkeit nur langsam zurückgeht.

Abbildung 3 gibt einen Überblick über die Entwicklung der Weltbevölkerung und der Kontinente nach der mittleren Variante. Sie zeigt, daß die Weltbevölkerung von 3,6 Milliarden im Jahre 1970 – der derzeitige Stand dürfte etwa 4,2 Milliarden sein – auf 6,3 Milliarden im Jahre 2000 ansteigt.[9] Den stärksten Zuwachs haben Afrika und Asien zu verzeichnen. Ihre Bevölkerungen werden sich in 30 Jahren mehr als verdoppeln. Mit 814 Millionen erreicht Afrika dann eine Einwohnerzahl, die fast der von Europa (einschließlich UdSSR) mit 855 Millionen entspricht. Dabei dürfte die Bevölkerungsentwicklung in Europa noch zu hoch angesetzt sein, da in den Ergebnissen die jüngsten starken Rückgänge der Fruchtbarkeit in den europäischen Industrieländern noch nicht enthalten sind.

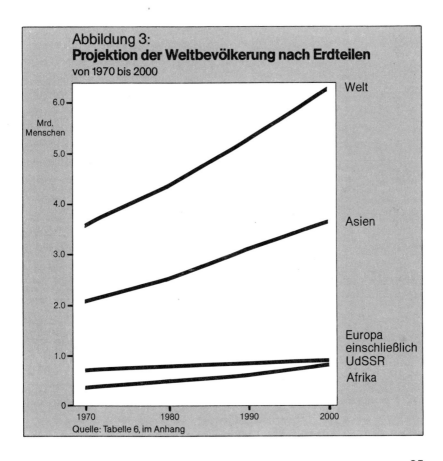

Abbildung 3:
Projektion der Weltbevölkerung nach Erdteilen
von 1970 bis 2000

Quelle: Tabelle 6, im Anhang

Als Folge der unterschiedlichen Wachstumsraten ändert sich auch die Bevölkerungsverteilung. Der Anteil Europas an der Weltbevölkerung sinkt von 19,4 auf 13,7 Prozent, der der Länder auf höherer Entwicklungsstufe (in erster Linie Europa, Nordamerika, Japan) sinkt von 30 auf 22 Prozent.

Da im Jahre 2000 die Bruttoreproduktionsraten großer Teile der Welt noch erheblich über 1 liegen, ist auch im nächsten Jahrhundert mit weiterem Anwachsen der Weltbevölkerung zu rechnen. Im übrigen läßt eine Bruttoreproduktionsrate von 1 keinesfalls den Schluß zu, daß die Bevölkerungszahl konstant bleibt. Dies gilt nur auf lange Sicht. Da Geburten und Sterbefälle einer Generation zeitlich weit auseinanderfallen, kann eine Bevölkerung auch bei einer Reproduktionsrate von 1 noch eine ganze Zeit lang kräftig wachsen, wenn der Anteil jüngerer Leute an der Bevölkerung nur groß genug ist. Wenn in einer Bevölkerung der Anteil junger Menschen relativ groß und der alter Menschen entsprechend niedrig ist, werden auch bei geringerer Fruchtbarkeit viele Kinder geboren, während vergleichsweise nur wenige Menschen sterben.

Eine derartige Altersstruktur ist charakteristisch für die Entwicklungsländer. Folglich würden deren Bevölkerungen auch dann weiter wachsen, wenn es gelänge, die Fruchtbarkeit schlagartig auf das Reproduktionsniveau zu senken. Modellrechnungen[10] haben ergeben, daß auch in einer derart hypothetischen Situation die Bevölkerungszahlen in den folgenden Jahrzehnten noch um etwa 60 Prozent ansteigen.

Für den etwas realistischeren Fall, daß die Fruchtbarkeit erst bis zum Jahr 2000 auf das Reproduktionsniveau sinkt, kommt der amerikanische Demograph Ansley J. Coale[11] sogar zu dem Ergebnis, daß dann die Bevölkerung in den Entwicklungsländern in den nächsten 100 Jahren auf das 2,6fache ansteigt.

1.2 Industrieländer

Das Wachstum der Weltbevölkerung wird fast ausschließlich von den Ländern der Dritten Welt getragen. Die hochentwickelten Länder, besonders die des Westens, stehen bereits in der vierten Phase des demographischen Übergangs mit niedriger Fruchtbarkeit und niedrigen Sterberaten. Inzwischen beginnt sich sogar noch eine fünfte Phase abzuzeichnen, in der die Geburtenzahlen unter die der Todesfälle sinken, so daß die betroffenen Bevölkerungen schrumpfen.

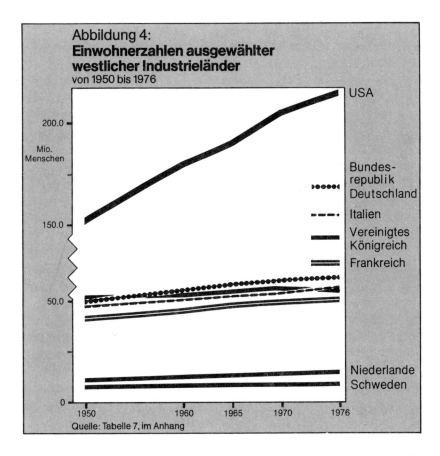

Wie Abbildung 4 zeigt, wuchsen die Einwohnerzahlen der westlichen Industrieländer in den letzten Jahren nur noch geringfügig. In der Bundesrepublik und in Großbritannien schrumpfen die Bevölkerungen sogar. Der Rückgang im Wachstumstempo wird deutlicher, wenn man statt der absoluten Zahlen die jährlichen Veränderungsraten betrachtet (Tabelle 8 im Anhang). Mit Ausnahme Italiens, das für den gesamten Zeitraum etwa gleich große, wenn auch entgegen der landläufigen Meinung keinesfalls hohe Zuwachsraten aufweist, liegen die Raten der übrigen Länder bis etwa 1970 auf gleichbleibendem Niveau. Danach gehen sie deutlich zurück. Besonders ausgeprägt ist diese Tendenz in der Bundesrepublik, wo seit 1974 die Bevölkerungszahl rückläufig ist. Doch auch Großbritannien und Schweden wachsen praktisch nicht mehr. Dagegen weisen die Niederlande mit 0,74 Prozent, Italien mit 0,61 und die USA mit 0,52 Prozent noch ein mäßiges, im Weltmaß jedoch unbedeutendes Wachstum auf.

Bei der Beurteilung der Bevölkerungsentwicklung spielt aber nicht nur die Differenz zwischen Geborenen- und Gestorbenenzahlen eine Rolle, es kommt auch auf den Wanderungssaldo an, den Unterschied zwischen der Zahl der Einwanderer und der Auswanderer. So kann ein positiver Wanderungssaldo ein Geburtendefizit überkompensieren, wie es in der Bundesrepublik in den Jahren 1972 und 1973 der Fall war. Auch die relativ hohen Zuwachsraten der fünfziger und sechziger Jahre wurden anfangs durch den Zustrom aus den ehemaligen deutschen Ostgebieten, später durch die Zuwanderung ausländischer Arbeitnehmer ermöglicht.

Wie sich die einzelnen Komponenten des Bevölkerungswachstums ausgewirkt haben, wird deutlich, wenn man die Wachstumsrate wie folgt zerlegt:

Wachstumsrate = (Geburtenrate ∕. Sterberate)
 + (Einwanderungsrate ∕. Auswanderungsrate)

beziehungsweise in saldierter Form

Wachstumsrate = Geburtendefizit beziehungsweise Geburtenüberschuß ∕. Wanderungssaldo.

Diese Raten werden üblicherweise, wie in Tabelle 9, noch mit 1000 multipliziert. Sie geben also an, wieviel Geborene oder wieviel Gestorbene in einem Jahr auf 1000 Einwohner entfallen. Wegen der abweichenden zeitlichen Fixierung der Bezugsgrößen sind die Zahlen in Tabelle 9 und 8 (im Anhang) nicht direkt miteinander zu vergleichen. Bei der Beurteilung der Geburten- und Sterberaten muß man berücksichtigen, daß sich in ihnen nicht nur die Fruchtbarkeit und die Sterblichkeitsverhältnisse niederschlagen, sondern daß sie auch von der Altersstruktur der Bevölkerung abhängen. Je höher der Anteil der Frauen im Alter zwischen 15 und 45 Jahren ist, desto größer wird bei sonst gleichen Verhältnissen die Geburtenrate sein. Steigt der Anteil alter Leute, wächst ceteris paribus auch die Sterberate. So ist beispielsweise die mit 9,7 beziehungsweise 8,3 niedrige Sterberate Italiens und der Niederlande nicht nur auf die im Vergleich zur Bundesrepublik (Sterberate 11,9) höhere Lebenserwartung zurückzuführen, sondern in erster Linie auf die im Durchschnitt jüngere Bevölkerung. Dennoch bleibt festzuhalten: Die Bundesrepublik hat von den aufgeführten Ländern sowohl die niedrigste Geburten- als auch die höchste Sterberate.

Aufschlußreicher sind die Geburtenüberschußraten und die Wanderungsraten, zeigen sie doch, aus welchen Quellen das Bevölkerungswachstum gespeist wird. In der Bundesrepublik führten – wie bereits erwähnt – in den letzten Jahren sowohl das Geburtendefizit als auch der Auswanderungsüberschuß zum Bevölkerungsrückgang. In Frankreich hatte das Wachstum der letzten Jahre überwiegend natürliche Ursachen, das heißt, es war in erster Linie auf den Geburtenüberschuß zurückzuführen. Tabelle 9 gibt auch eine Erklärung für die weiter vorn erwähnte gleichmäßig niedrige Wachstumsrate Italiens. Zunächst, das heißt in den sechziger Jahren, führte ein negativer Wanderungssaldo bei vergleichsweise hohen Geburtenüberschüssen zu einer Dämpfung des Bevölkerungszuwachses. In den letzten Jahren ist es genau umgekehrt. Der Geburtenüberschuß geht zurück, während der Wanderungssaldo positiv ist. Die gleichmäßige Zuwachsrate der Bevölkerung ist also zurückzuführen auf jeweils entgegengesetzte Verläufe der beiden Wachstumskomponenten.

Das relativ starke Bevölkerungswachstum der Vereinigten Staaten resultiert zum größten Teil aus einem Geburtenüberschuß. Daneben spielen die Einwanderungen nur eine relativ geringe Rolle. Erwähnt sei schließlich noch, daß auch Großbritannien (einschließlich Nordirland)[12] ebenso wie die Bundesrepublik in den letzten Jahren Wanderungsverluste hinnehmen mußte. Sie konnten allerdings bis zum Jahr 1975 durch einen leichten Geburtenüberschuß ausgeglichen werden.

Generell gilt für alle ausgewählten Länder, daß die Geburtenraten in jüngster Zeit deutlich zurückgegangen sind. Bei etwa gleichen Sterberaten bedeutet dies, daß die natürlichen Wachstumskräfte überall rückläufig waren. Allerdings weist bisher nur die Bundesrepublik negative Werte auf. Die Abnahme des Bevölkerungswachstums ist also offenkundig eine Erscheinung, die, wenn auch mit unterschiedlicher Intensität, alle Industrieländer betrifft. Für eine eingehendere Untersuchung des natürlichen Bevölkerungswachstums und der Geburtensituation reichen die Geburten- und die Geburtenüberschußrate jedoch nicht aus, da sie stark von den Besonderheiten im Bevölkerungsaufbau abhängen. So haben Länder mit einer „jungen Bevölkerung", das heißt mit einem hohen Anteil von Kindern und Jugendlichen, generell niedrigere Sterberaten. Dies gilt etwa für die Niederlande, für Italien und die USA. Umgekehrt ist die Sterberate hoch, wenn Länder wie die Bundesrepublik oder Großbritannien einen hohen Anteil älterer Menschen haben. In der Bundesrepublik wird ein Vergleich mit anderen Ländern zusätzlich noch durch Unregelmäßigkeiten im Altersaufbau der Bevölkerung erschwert. Hier haben die Bevölkerungsverluste der beiden Weltkriege besonders deutliche Spuren hinterlassen.

All diese Störfaktoren werden in der Nettoreproduktionsrate ausgeschaltet. Sie gibt die Zahl der Mädchen an, die eine Frau während ihres Lebens im Durchschnitt zur Welt bringt. Im Gegensatz zur Bruttoreproduktionsrate werden dabei die Sterberisiken berücksichtigt. Denn nicht alle Mädchen erreichen das gebärfähige Alter von 15 Jahren, und auch von den Überlebenden sterben immer noch einige bis zum Alter von 45 Jahren.

Bei einer Nettoreproduktionsrate von 1 werden gerade soviele Mädchen geboren, daß sich die jeweilige Frauengeneration selbst ersetzt. Raten über 1 bedeuten einen Zuwachs, Raten unter 1 ein Schrumpfen der Bevölkerung. Allerdings gilt diese Aussage nur langfristig und im Durchschnitt. Kurzfristig spielt auch die Altersstruktur und die Veränderung der Sterblichkeit eine Rolle. Ist der Anteil alter Leute mit hoher Sterblichkeit groß, kann es trotz einer Nettoreproduktionsrate über 1 passieren, daß eine Bevölkerung schrumpft. Umgekehrt wird eine junge Bevölkerung auch bei niedrigen Reproduktionsraten zunächst weiter anwachsen.

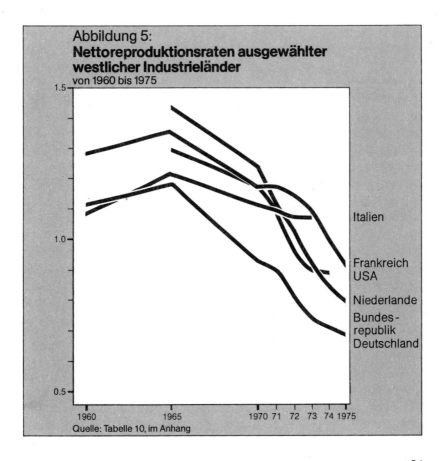

Abbildung 5:
Nettoreproduktionsraten ausgewählter westlicher Industrieländer
von 1960 bis 1975

Quelle: Tabelle 10, im Anhang

Der tendenzielle Rückgang des natürlichen Bevölkerungswachstums der Industrieländer wird durch Abbildung 5 bestätigt. In allen Ländern, mit Ausnahme Italiens, wo neuere Daten fehlen, liegen die Nettoreproduktionsraten mittlerweile unter 1. Die gegenwärtige Fruchtbarkeit reicht also auf lange Sicht nicht mehr zur Bestandserhaltung aus. Den niedrigsten Stand hat die Bundesrepublik mit 0,68 im Jahre 1975. In der Bundesrepublik ist also die Zahl der Geborenen um 32 Prozent zu niedrig, um langfristig zu verhindern, daß die Bevölkerungszahl weiter zurückgeht.

Den stärksten Rückgang erlebte Holland, wo sich die Nettoreproduktionsrate von 1,43 im Jahre 1965 auf 0,79 im Jahre 1975 fast halbierte. Vergleichsweise schwach rückläufig waren dagegen die Raten in Frankreich und Italien, etwas stärker in Großbritannien, Schweden und den USA.

Man sollte allerdings die Nettoreproduktionsrate nicht überinterpretieren. Da sie aus den Querschnittdaten eines Jahres berechnet wird, spiegelt sie auch nur die Situation eines Jahres wider. Sie reagiert daher empfindlich auf eine zeitliche Verlagerung der Geburten. Kommt es beispielsweise in einem Jahr zu einem Geburtenausfall, sinkt die Nettoreproduktionsrate entsprechend ab. Steigen die Geburten später, aus welchem Grunde auch immer, schnellt die Rate wieder nach oben. Bei der gegenwärtigen Abnahme der Fruchtbarkeit handelt es sich jedoch keinesfalls um ein derartiges zeitlich begrenztes Phänomen mit einer Tendenz zu späterem Ausgleich. Sie ist, wenn auch mit unterschiedlicher Intensität, seit etwa zehn Jahren charakteristisch für alle Industrieländer.

Da die Mehrzahl der Länder eine für das weitere Wachstum günstige Altersstruktur aufweist, wird ihre Bevölkerungszahl trotz niedriger Fruchtbarkeit in den nächsten Jahren weiter anwachsen (vgl. Tabelle 11 im Anhang). Mit dem größten Zuwachs rechnet man in den Vereinigten Staaten, wo erwartet wird, daß sich die Bevölkerungszahl in 25 Jahren um 23 Prozent erhöht. In den europäischen Ländern nehmen sich die Zuwächse dagegen vergleichsweise bescheiden aus. Frankreichs Bevölkerung wächst bis 1990 um knapp

8 Prozent, Italiens um 5,6 Prozent. In den Niederlanden, Großbritannien und Schweden ist der Anstieg noch geringer. Lediglich die Bevölkerung der Bundesrepublik wird bis zum Jahr 1990 um 5,4 Prozent schrumpfen.

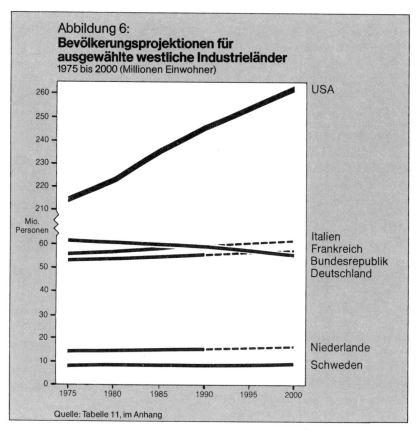

Die Vergleichbarkeit derartiger Vorausberechnungen ist beschränkt. Einmal weisen sie in der Regel nicht das gleiche Basisjahr auf, berücksichtigen also nicht den gleichen aktuellen Informationsstand über die Veränderung der Wachstumskomponenten. Zum anderen handelt es sich grundsätzlich nicht um Prognosen, das heißt um Entwicklungen, denen die größte Wahrscheinlichkeit zugemessen wird. Bei den vorliegenden Projektionen ist daher nur schwer zu erkennen, für wie realistisch die verschiedenen Annahmen gehalten werden. Beispielsweise wird in der amerikanischen Projektion ein positiver Wanderungssaldo von 400 000 Personen pro Jahr unterstellt. Das sind in 25 Jahren immerhin 10 Millionen Menschen. Noch bemerkenswerter erscheint die Annahme einer Nettoreproduktionsrate von 1, obwohl, wie Tabelle 10 (im Anhang) zeigt, die tatsächliche Rate seit 1973 unter 1 liegt und überdies einen eindeutig sinkenden Trend aufweist.

Die deutschen Berechnungen basieren auf wesentlich vorsichtigeren Annahmen. Zwar wird ebenfalls ein leichter Zuwanderungsüberschuß unterstellt, zusätzlich wird aber angenommen, daß die ohnehin schon niedrigen Fruchtbarkeitsraten der Jahre 1975 bis 1977 noch weiter zurückgehen und erst dann konstant bleiben. Jüngste, allerdings noch unvollständige Informationen lassen erkennen, daß die Annahme eines weiteren Rückganges der Nettoreproduktionsrate gerechtfertigt ist.

Ein Vergleich der Zahlen in Tabelle 11 (im Anhang) mit denen der Vereinten Nationen zeigt, daß die Prämissen sehr schnell durch die tatsächliche Entwicklung überholt werden können und daß die dann notwendigen Korrekturen oft erhebliche Auswirkungen auf die Ergebnisse haben.[13]

Obwohl die Veröffentlichungszeitpunkte in etwa übereinstimmen, decken sich lediglich die Zahlen der Vereinigten Staaten und Italiens. Hier haben die beiden Projektionen offenbar das gleiche Ursprungsdatum. Für die übrigen Länder weisen die Vereinten Nationen deutlich höhere Werte aus, berücksichtigen also den starken Rückgang der Fruchtbarkeit in jüngster Zeit nicht ausreichend. So steht Frankreich für 1990 bei den Vereinten Nationen „noch" mit 58,8 Millionen statt 56,8 Millionen zu Buch, Großbritannien mit 60 statt 56,6 Millionen und die Niederlande mit 15,1 statt 14,2 Millionen. Der Bundesrepublik wird sogar noch ein Ansteigen der Gesamtbevölkerung von 61,7 auf 64,2 Millionen zuerkannt. Demgegenüber errechnet sich aus der neueren Projektion in Tabelle 11 unter Einschluß der Ausländer für das Jahr 2000 eine Bevölkerung von 56,4 Millionen, mithin ein Rückgang um mehr als 5 Millionen.

Dieser Vergleich macht deutlich, wie rasch sich die Zukunftsperspektiven ändern können, wenn sich die Ausgangssituation verlagert. Allerdings führten alle Revisionen der letzten 10 Jahre zu Herabsetzungen der Projektionsergebnisse, die Vorausberechnungen mußten von Mal zu Mal nach unten korrigiert werden. Wegen dieses anhaltenden Trends spricht auch nichts dafür, daß das Bevölkerungswachstum in nächster Zeit wieder zunehmen könnte, obwohl diese Möglichkeit natürlich nicht völlig auszuschließen ist.

Aus heutiger Sicht läßt sich feststellen, daß die Mehrzahl der Industrieländer dem vielfach als ideal bezeichneten Nullwachstum bereits recht nahe gekommen ist. Ob sich jedoch die Fruchtbarkeit auf diesem Niveau stabilisiert, ist fraglich. Plausibler erscheint es, anzunehmen, daß sich der bisherige Rückgang weiter fortsetzt. Dann würde es in einigen Ländern, zum Beispiel in Schweden oder Großbritannien, ähnlich wie in der Bundesrepublik auch zu einem absoluten Bevölkerungsrückgang kommen. Andere Länder wie die Niederlande oder Italien können sich dagegen aufgrund ihrer jungen Bevölkerung noch für einige Zeit eine niedrige Fruchtbarkeit leisten, ohne daß die Bevölkerung schrumpft.

Die unterschiedlichen Reproduktionsraten führen nicht nur zu abweichenden Wachstumsverläufen, sie beeinflussen auch ganz wesentlich den Altersaufbau der einzelnen Länder. Da deren Bevölkerungspyramiden überdies durch außergewöhnliche Ereignisse, wie die beiden Weltkriege und die Weltwirtschaftskrise, mehr oder weniger stark zerklüftet sind, kommt es selbst bei Annahme gleichbleibender Fruchtbarkeits- und Sterblichkeitsverhältnisse im Laufe der Jahre zu Schwankungen in der Zahl der Geborenen und Gestorbenen. Sie werden jedoch immer schwächer, je weiter eine Projektion in die Zukunft greift, so daß die sich ergebende Bevölkerungsstruktur immer gleichförmiger wird. Der Grund liegt in der Konstanz der Annahmen. Außergewöhnliche Störungseinflüsse, wie mögliche Kriege, lassen sich nicht prognostizieren. Im übrigen gibt es aber auch in normalen Zeiten immer wieder kleinere Schwankungen in der Fruchtbarkeit und Sterblichkeit, selbst wenn sich die Verhältnisse tendenziell nicht verändern.

Betrachtet man die Veränderung der Altersstruktur, die in Tabelle 12 nur für drei große Altersklassen, bis 14 Jahre, 15 bis 64 Jahre und 65 Jahre und älter, angegeben ist, wird der Geburtenrückgang der Industrieländer am sinkenden Kinderanteil deutlich. Besonders ausgeprägt ist dies in der Bundesrepublik und in den Niederlanden, wo der Kinderanteil von 20,5 auf 14,6 beziehungsweise von 24,4 auf 17,4 Prozent zurückgeht. Nur geringfügig ist die Reduktion dagegen in Frankreich von 23,1 auf 22,8 Prozent und in Italien von 22,8 auf 21,7 Prozent.

Da alle Staaten in den fünfziger und sechziger Jahren hohe Geburtenzahlen aufwiesen, steigt der Anteil der 15- bis 64jährigen in den nächsten Jahren entsprechend an. Er erreicht mit 70 Prozent in der Bundesrepublik und in Holland den höchsten Wert. Das ist allerdings mit eine Folge des überdurchschnittlich niedrigen Kinderanteils.

Der Anteil alter Leute entwickelt sich unterschiedlich. Während er in den Vereinigten Staaten leicht und in Schweden stärker ansteigt, er erreicht dort 1990 mit 17,5 Prozent den höchsten Wert, sinken die Anteile in den übrigen Ländern, also auch in der Bundesrepublik. In den Niederlanden bleibt der Anteil in etwa gleich. Nach wie vor wird es in den Niederlanden 1990 mit 12,7 Prozent relativ die wenigsten alten Leute geben.

Die Quoten der Kinder und der alten Leute zusammen geben einen ersten Eindruck von den Belastungen, die die wirtschaftlich aktiven Personen zum Unterhalt der noch nicht oder nicht mehr Aktiven zu tragen haben. Allerdings ist der Anteil der Personen zwischen 15 und 64 Jahren nur ein grober Indikator für die Erwerbsbeteiligung einer Bevölkerung, denn zum einen sind nie alle Personen dieser Altersklassen erwerbsfähig – der Anteil schwankt von Land zu Land –, zum anderen ist die Erwerbstätigkeit auch nicht auf diesen Bereich beschränkt.

Die günstigste Situation weist die Bundesrepublik auf. 1990 beträgt der Anteil von Kindern und Alten gerade 30 Prozent, weniger als in den übrigen Ländern. Da dieser Satz 1975 noch bei 35,8 Prozent lag, verringert sich in den kommenden Jahren die „Belastung" der wirtschaftlich aktiven Bevölkerung durch Kinder und alte Leute. Die gleiche Entlastung gilt im übrigen, wenn auch nicht so ausgeprägt, für die anderen Länder. Ursache hierfür ist in erster Linie der Rückgang der Kinderanteile als Folge der nachlassenden Fruchtbarkeit.

Die übereinstimmende Entwicklung der Altersstrukturen der Industrieländer, nämlich rückläufige Kinderanteile, steigende Anteile von Personen im mittleren Alter und relativ niedrige Prozentsätze alter Menschen, gilt jedoch nur auf mittlere Sicht. Sie ist durch den Geburtenschub der fünfziger und sechziger Jahre und den anschließenden Fruchtbarkeitsrückgang bedingt. Ohne vergleichbare zukünftige Veränderungen werden sich die Altersstrukturen langsam normalisieren.

Ausgehend von den tatsächlichen Bevölkerungen sinken bei einer Projektion mit gleichbleibenden Sterblichkeiten und einer Nettoreproduktionsrate unter 1 zunächst die Kinderanteile und die alter Menschen, während der Prozentsatz von Personen in mittleren Jahren steigt. Später nimmt auch die Gruppe der Personen zwischen 15 und 65 Jahren relativ ab, während der Anteil alter Menschen stark zunimmt. Erst in etwa 100 Jahren, wenn die letzten Angehörigen der Geburtenjahrgänge bis 1970 gestorben sind, wird sich die Altersstruktur normalisieren beziehungsweise stabilisieren, indem die einzelnen Anteile in etwa konstant bleiben. Bis dahin ist damit zu rechnen, daß das Gewicht der einzelnen Altersgruppen ständigen Schwankungen unterliegt. Die Folge ist nicht nur, daß sich die Belastung der aktiven Bevölkerung laufend verändert, auch die Kapazitäten der großen gesellschaftlichen Bereiche Bildungswesen, Arbeitsmarkt und Alterssicherung werden im Zeitablauf unterschiedlich beansprucht. Es dürfte daher schwer sein, die Kapazitäten rechtzeitig dem jeweiligen Bedarf anzupassen.

1.3 Bundesrepublik Deutschland

1.3.1 Bevölkerungsentwicklung

Seit dem Zweiten Weltkrieg bis zum Jahre 1973 stieg die Bevölkerungszahl der Bundesrepublik kontinuierlich an. Sie erhöhte sich von 50,3 Millionen im Jahre 1950 um über 23 Prozent auf 62,1 Millionen im Jahre 1973. Zu diesem Wachstum trug sowohl der Geburtenüberschuß als auch der positive Wanderungssaldo bei (vergl. Tabelle 13).

Tabelle 13:
Bevölkerungsentwicklung der Bundesrepublik Deutschland nach Wachstumskomponenten von 1950 bis 1976 in 100 000

Jahr	Wohnbevölkerung, JE	Lebendgeborene	Sterbefälle	Geburtenüberschuß (+) defizit (−)	Einwanderungen[1]	Auswanderungen[1]	Wanderungssaldo[1]
1950	50 336	813	529	+ 284	551	173	+ 416
1955	52 698	820	582	+ 238	502	191	+ 311
1960	55 362	969	643	+ 326	624	260	+ 364
1965	59 297	1 044	678	+ 367	840	496	+ 344
1970	61 001	810	735	+ 76	1 072	498	+ 574
1971	61 503	779	731	+ 48	988	557	+ 431
1972	61 809	701	731	− 30	903	572	+ 331
1973	62 101	636	731	− 95	968	584	+ 384
1974	61 991	626	728	− 101	630	639	− 9
1975	61 645	601	749	− 149	456	655	− 199
1976	61 442	603	733	− 130	499	571	− 72

[1] 1950 und 1955 ohne Saarland
Quellen: Statistisches Bundesamt, verschiedene Veröffentlichungen

Das zahlenmäßige Plus an Geborenen gegenüber den Gestorbenen erreichte 1964 mit 421 000 einen Höhepunkt, um von da an zunächst langsam, dann immer rascher zu sinken. Seit 1972 sterben jährlich in der Bundesrepublik mehr Menschen als Kinder geboren werden. Auch die Zahl der Einwanderungen lag − mit Ausnahme des Rezessionsjahres 1967 − bis 1973 ausnahmslos über der der Auswanderungen. Seit 1974 verlassen mehr Menschen die Bundesrepublik als Aufnahme suchen. Da seit einigen Jahren beide Wachstumskomponenten negativ sind, schrumpft seither die Einwohnerzahl der Bundesrepublik.[4] Für das Verständnis dieser globalen Entwicklungstendenz und ihrer Ursachen ist es notwendig, die einzelnen Bewegungskomponenten etwas näher unter die Lupe zu nehmen.

Das natürliche Bevölkerungswachstum ergibt sich aus der Differenz von Geborenen- und Gestorbenenzahlen. Beide absoluten Größen sind für die Veränderung der Bevölkerungszahl relevant, im übrigen erlauben sie keine unmittelbare Ursachenanalyse, da sie von verschiedenen Faktoren beeinflußt werden.

Die Zahl der Gestorbenen hängt ab von der Einwohnerzahl insgesamt, von der Altersstruktur und den spezifischen Sterbewahrscheinlichkeiten. Alle drei Faktoren ändern sich im Laufe der Zeit und erfordern daher für ihre gesonderte Beurteilung zusätzliche Berechnungen.

Der Einfluß des Bevölkerungsumfanges – je zahlreicher eine Bevölkerung ist, desto mehr Todesfälle gibt es unter sonst gleichen Bedingungen – läßt sich durch die Berechnung von (rohen) Sterberaten (Gestorbene/1000 Einwohner) eliminieren. Soll zusätzlich auch der Einfluß von Geschlechts- und Altersstruktur ausgeschaltet werden – je größer der Anteil alter Leute ist, desto mehr Todesfälle gibt es – sind alters- und geschlechtsspezifische Sterberaten zu berechnen. Anschaulicher ist es jedoch, für eine Standardbevölkerung die sogenannte mittlere Lebenserwartung zu bestimmen. Es handelt sich dabei um das Durchschnittsalter, das eine Bevölkerung von in der Regel 100 000 Neugeborenen bei gegebenen Sterblichkeitsverhältnissen erreichen würde.

Wie Tabelle 14 zeigt, ist die starke Zunahme der Todesfälle bis 1970 zum größten Teil auf das Bevölkerungswachstum in diesen Jahren zurückzuführen. Verglichen mit den absoluten Zahlen steigen die rohen Sterberaten nämlich in wesentlich geringerem Umfang. Allerdings kompensieren sich in den Sterberaten zwei gegenläufige

Einflüsse. Während die Sterblichkeitsrisiken, wie die Zahlen der mittleren Lebenserwartung zeigen, nicht unerheblich gesunken sind, die mittlere Lebenserwartung stieg bei den Männern von 64,6 Jahre in 1950 auf 68,3 Jahre im Zeitraum 1974/76, bei den Frauen sogar von 68,5 auf 74,8 Jahre, nahmen die Sterberaten anfangs zu, um dann später in etwa gleich zu bleiben. Ohne einen Einfluß der Altersstruktur hätten die Sterberaten wegen der steigenden Lebenserwartung fallen müssen.

Es läßt sich der Schluß ziehen, daß in der Bundesrepublik bis Anfang der siebziger Jahre sowohl das Bevölkerungswachstum als auch das Altern der Bevölkerung zur Erhöhung der Gestorbenenzahlen führten. Dies konnte nur zu einem kleinen Teil durch eine steigende Lebenserwartung kompensiert werden. Da seither die Sterberaten in etwa konstant bleiben, halten sich offenbar die Einflüsse der weiter zunehmenden Alterung der Bevölkerung und der geringfügig steigenden Lebenserwartung die Waage.

Für die nähere Zukunft rechnet das Statistische Bundesamt,[14] das hierzu sehr detaillierte Untersuchungen vorgenommen hat, mit nahezu konstanten Lebenserwartungen. Für die männlichen Neugeborenen ergibt sich danach für 1980 eine mittlere Lebenserwartung von 67,3 Jahren, für die weiblichen Neugeborenen von 74,4 Jahren. Folglich wird die Zahl der Todesfälle im wesentlichen nur noch abhängen von den Veränderungen der Altersstruktur und der jeweiligen Bevölkerungszahl.

Die Zahl der Lebendgeborenen betrug 1950 813 000. Von diesem Niveau stieg sie langsam und kontinuierlich auf über eine Million Mitte der sechziger Jahre. Danach erfolgte ein rascher Abfall auf etwa 600 000 in den Jahren 1975 und 1976 (Tabelle 13). Als Ursachen für dieses Auf und Ab der Geborenenzahlen, die sogenannte demographische Welle, kommen mit wechselnder Intensität zwei große Komplexe in Frage:

– Verschiebungen in der Bevölkerungsstruktur,
– Änderung im generativen Verhalten.

Wenn weniger Kinder geboren werden, so ist dafür nicht immer und ausschließlich der Wille der Bevölkerung ausschlaggebend, nicht mehr so viele Kinder wie früher zu haben und unerwünschte Geburten zu vermeiden. Es kann auch daran liegen, daß die Zahl der Frauen im gebärfähigen Alter abgenommen hat oder daß weniger geheiratet wird als früher. Die Zahl der Eheschließungen ist insofern von Bedeutung, als in der Bundesrepublik wie überall immer noch die meisten Kinder von verheirateten Frauen geboren werden. Fehlt es also in der jüngeren Bevölkerung im heiratsfähigen Alter an der Bereitschaft, eine Ehe zu schließen, oder mangelt es an geeigneten Partnern, ist eine wichtige gesellschaftliche Voraussetzung für die Fortpflanzung nicht erfüllt. Nur etwa 6 Prozent aller Kinder werden außerehelich geboren, von denen überdies noch 40 Prozent durch nachträgliche Eheschließung der Eltern legitimiert werden. Allerdings ist die Heirat allein noch keine Garantie für viele Kinder, wie der steigende Anteil von Familien ohne oder mit nur einem Kind zeigt. Immerhin dürfte aber nur bei verheirateten Paaren Bereitschaft bestehen, mehr als ein Kind in die Welt zu setzen.

Zur Änderung des generativen Verhaltens zählen auch zeitliche Verschiebungen der Geburten. Bis 1964 hat beispielsweise die Vorverlegung des Heiratsalters und die entsprechend frühere Geburt der Kinder zu einem Geburtenanstieg geführt. Längsschnittuntersuchungen des Statistischen Bundesamtes haben deutlich ergeben, daß die Erhöhung der Geborenenzahl nur zu einem Teil die Folge wachsender Fruchtbarkeit war.[15] Die durchschnittliche Kinderzahl der einzelnen Ehejahrgänge ist bis in die sechziger Jahre wesentlich schwächer gestiegen, als es aufgrund der absoluten Geborenenzahlen zu vermuten gewesen wäre (vgl. Tabelle 15 im Anhang). Danach betrug die durchschnittliche Kinderzahl von 1000 Frauen, die im Jahre 1947 geheiratet haben, 1933. Die höchste Kinderzahl haben die Frauen des Ehejahrgangs 1956 mit 2106 Kindern je 1000 Ehen. Seit Mitte der sechziger Jahre gehen die durchschnittlichen Kinderzahlen dann stark zurück. Für den Ehejahrgang 1971 wird nur noch eine durchschnittliche Kinderzahl von etwa 1,5 Kindern je Ehe ausgerechnet. Hierbei handelt es sich allerdings lediglich bei den ersten drei Ehejahren um echte Längsschnittergebnisse. Für die restlichen 17 „zukünftigen Ehejahre" wurden die erwarteten Kinderzahlen aufgrund der Fruchtbarkeitsverhältnisse des Jahres 1975, also aufgrund von Querschnittdaten, geschätzt.

Eine Bevölkerung hält auf lange Sicht dann ihren Bestand, wenn 100 Frauen jeder Frauengeneration im Durchschnitt 100 Mädchen lebend zur Welt bringen. Das sind bei dem konstanten Verhältnis von 100 Mädchen- zu 106 Knabengeburten insgesamt 206 Kinder. Unter Berücksichtigung des Anteils unehelicher Kinder kommt Karl Schwarz[16] bei den bestehenden Heiratshäufigkeiten zu dem Ergebnis, daß von 100 verheirateten Frauen 220 Kinder geboren werden müssen, um zu verhindern, daß die Bevölkerung auf lange Sicht schrumpft. Von den in Tabelle 15 aufgeführten Ehejahrgängen wird diese Kinderzahl in keinem Fall erreicht. Größere Geburtendefizite ergeben sich jedoch erst für die Ehejahrgänge seit 1966.

In welchem Ausmaß die Verringerung der Geborenenzahlen von 1,05 Millionen im Jahre 1966 auf 601 000 im Jahre 1975 auf das geänderte generative Verhalten zurückzuführen ist, zeigt Karl Schwarz[17] an Hand von Modellrechnungen. Danach hätte die Geborenenzahl um 304 000 höher liegen, also 905 000 betragen müssen, hätte sich das Fortpflanzungsverhalten der Menschen nicht geändert. Die restliche Differenz von 145 000 unterbliebenen Geburten ist eine Folge der geänderten demographischen Situation, also der Verschiebungen in der Alters- und Familienstandsstruktur der Bevölkerung.

Die Berechnungen zeigen darüber hinaus (vgl. Abbildung 7), daß der Rückgang der Geburten in erster Linie zu einer Verringerung des Anteils kinderreicher Familien geführt hat. Die Eltern verzichten mehr und mehr darauf, dritte oder gar vierte Kinder zu bekommen. Während 1966 noch 36 Prozent der Ehen mehr als zwei Kinder hatten, waren es 1975 nur noch zwölf Prozent. Entsprechend stieg, bei etwa gleichem Anteil der Zwei-Kinder-Familien, der Prozentsatz der Ehen ohne oder mit nur einem Kind von 33 Prozent auf

55 Prozent. Dieser Trend zur Kleinfamilie wird auch durch die Längsschnittergebnisse von Tabelle 15 bestätigt.

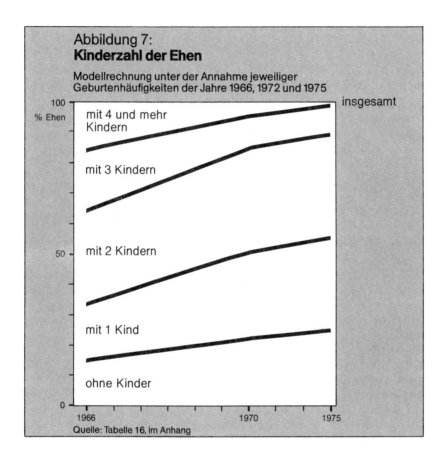

Die Geburtensituation in der Bundesrepublik wird dadurch aufgebessert, daß in den bisher genannten Zahlen stets auch die Ausländer in der Wohnbevölkerung mit ihrer wesentlich höheren Fruchtbarkeit mitgezählt wurden. Von den 601 000 Lebendgeborenen des Jahres 1975 waren immerhin 95 900, das sind etwa 16 Prozent, Ausländerkinder. Die Diskrepanz zwischen der Fruchtbarkeit deutscher und ausländischer Frauen wird noch deutlicher, wenn man die Nettoreproduktionsraten vergleicht. Sie betrug 1975 für deutsche Frauen 0,641, für ausländische dagegen 1,102, lag also bei den Ausländerinnen noch über dem zur Bestandserhaltung erforderlichen Wert von 1.

Die Wanderungen, die Zu- und Fortzüge über die Grenzen der Bundesrepublik, haben lange Jahre zum Bevölkerungswachstum beigetragen. Von 1950 bis 1975 war der Zuwanderungsgewinn mit 7 Millionen Menschen sogar erheblich höher als das natürliche Wachstum, der Überschuß der Geburten über die Todesfälle, mit 5,8 Millionen.

Für den positiven Wanderungssaldo sind zwei zeitlich getrennte Wanderungsströme ursächlich. Bis zum Bau der Berliner Mauer im Jahre 1961 stellten die Flüchtlinge und Aussiedler aus der DDR und den ehemaligen deutschen Ostgebieten das Gros der Zuwanderer. Das weitgehende Versiegen des Stromes wurde durch den seit 1960 einsetzenden Zuzug aus den südeuropäischen Ländern, vor allem durch die Aufnahme von Gastarbeitern, kompensiert. Lediglich im Jahre 1967 gab es als Folge der damaligen Rezession, die nicht nur die Zuwanderung weiterer Gastarbeiter kurzfristig unterbrach, sondern die auch eine Reihe von Ausländern zur Rückkehr in ihre Heimatländer veranlaßte, einen Wanderungsverlust. Das gleiche Bild zeigt sich auch seit 1974. Hier wird der negative Einfluß der letzten Rezession, deren Folgen immer noch nicht überwunden sind, zusätzlich verstärkt durch den Zuwanderungsstopp, der im Herbst 1973 gegenüber Nicht-EG-Ländern verhängt wurde.

Es macht jedoch einen erheblichen Unterschied, ob eine Bevölkerung durch Wanderung oder durch natürliches Wachstum verändert wird. Ein Geburtenüberschuß oder ein -defizit ändert sich meist nur kontinuierlich und betrifft zunächst auch nur die Basis der Bevölkerungspyramide. Es ist daher genau abzusehen, wann die großen gesellschaftlichen Bereiche Bildungswesen, Arbeitsmarkt und Altersversorgung berührt werden. Demgegenüber zeigt der Wanderungssaldo in Abhängigkeit von ökonomischen Veränderungen und administrativen Eingriffen starke Schwankungen von Jahr zu Jahr. Von 1973 auf 1974 wurde aus einem Wanderungsüberschuß von 384 000 Personen ein Defizit von 9 000. Auch die Zusammensetzung nach Alter, Geschlecht und Staatsangehörigkeit schwankt und beeinflußt entsprechend alle Altersklassen der Bevölkerung. Aus diesem Grunde läßt sich der Einfluß von Wanderungen auf den Bevölkerungsstand zwar nachträglich nachweisen; Aussagen über die zukünftigen Entwicklungen sind jedoch kaum möglich, es sei denn, man würde mehr oder minder willkürliche oder zufallsbedingte Annahmen zugrunde legen.

1.3.2 Ursachen des Geburtenrückgangs

Für die Änderung des generativen Verhaltens, auf die der Geburtenrückgang in der Bundesrepublik zum überwiegenden Teil zurückzuführen ist, gibt es noch keine eindeutigen Erklärungen. Es wird sie wohl auch niemals geben, denn wie Hermann Schubnell[18] ausführt, lassen sich hierfür vielfältige Einflußfaktoren aus dem individuellen familiären oder gesamtgesellschaftlichen Bereich anführen, deren Interdependenz noch weitgehend unbekannt ist, und deren Wirkungszusammenhänge sich überdies fortlaufend verändern dürften.

Je intensiver nach den Ursachen geforscht wird, desto vorsichtiger und differenzierter werden die Erklärungsversuche.[19] Einigkeit besteht in Fachkreisen insoweit, als zwischen den Ursachen des Geburtenrückganges und den Mitteln, durch die der Rückgang möglich wurde, zu unterscheiden ist. Auf einen einfachen Nenner gebracht bedeutet dies, daß die Ursachen für den Rückgang im Wunsch der meisten Ehepaare liegen, weniger Kinder zu haben. Die Kenntnis und Verfügbarkeit der Möglichkeiten der Empfängnisverhütung erleichtern lediglich die Verwirklichung derartiger Entscheidungen.

Die ansteigende Zahl kinderloser Ehen zeigt deutlich, daß Kinder keinesfalls als unabdingbare Konsequenz einer Ehe angesehen werden. Die Zahl der Kinder wird heute genau geplant. Max Wingen[20] charakterisiert diese Situation wie folgt: „Während es in der Vergangenheit einer bewußten Entscheidung bedurfte, wenn ein (weiteres) Kind *nicht* geboren werden sollte, ist heute die bewußte Entscheidung *für* ein Kind eine Voraussetzung seiner Geburt." Daß diese Entscheidung immer seltener positiv ausgeht, liegt auch an der Trägheit des menschlichen Verhaltens. „Früher, als man jeweils noch die Entscheidung *gegen* das Kind brauchte, garantierte diese Trägheit für eine ganze Reihe von Geburten. Heute, wo man eine Entscheidung *für* das Kind benötigt, um die gewohnheitsmäßig betriebene Geburtenkontrolle aufzugeben, garantiert die Trägheit für Kinderlosigkeit."[21]

Dies Verhalten dürfte immer dann eine nennenswerte Rolle spielen, wenn der Wunsch nach Kindern nur schwach ist oder aber durch andere konkurrierende Lebensziele überlagert wird. Hierzu zählt offenbar ganz entscheidend der Wandel im Rollenverständnis der Frau. Die Aufgabe als Mutter nimmt nicht mehr unbedingt den ersten Platz in ihrer Präferenzskala ein. Ihr werden vielmehr andere Formen der Selbstbestätigung und Selbsterfüllung geboten, die zumindest einige Jahre nach der Heirat genutzt werden. Während früher die anfängliche Kinderlosigkeit der Ehe als Übergang zur normalen Lebensweise mit Kindern angesehen wurde, gilt diese Phase heute mehr und mehr als Normalsituation, so daß die Geburt des ersten Kindes immer weiter herausgeschoben wird. Da, wie Umfragen zeigen, der Wunsch nach Kindern mit zunehmender Dauer der Kinderlosigkeit abnimmt, wird eine ursprünglich befristete Kinderlosigkeit rasch zu einer dauerhaften Erscheinung.

Hinzu kommt, daß Kinder immer mehr unter Kosten-Nutzen-Überlegungen betrachtet werden nach dem Motto: Wie bereichert sich – im übertragenen Sinne – das Leben durch Kinder und welche Kosten und Einschränkungen der bisherigen Lebensweise sind dafür in Kauf zu nehmen. Auch wenn diese Abwägung positiv ausfällt, bleibt doch die Frage, ob der gewünschte Zweck nicht bereits mit einem oder zwei Kindern erreicht werden kann. Dies kommt deutlich in einer Antwort der Bundesregierung auf eine kleine Anfrage im Bundestag zur langfristigen Bevölkerungsentwicklung zum

Ausdruck. Dort heißt es: „In weiten Kreisen unserer Bevölkerung dürfte sich die Vorstellung festgesetzt haben, daß nur eine recht kleine Kinderzahl mit den derzeitigen Leitbildern von persönlicher Freiheit, Selbstverwirklichung und Lebensstandard vereinbar ist."[22]

Doch auch wenn ursprünglich der Wunsch und die Bereitschaft zu mehreren Kindern besteht, kommt es, auch hierfür gibt es empirische Belege[23], bereits nach der Geburt des ersten Kindes oft zu einer abrupten Revision des elementaren Wunsches nach Kindern als Reaktion auf die geänderten Lebensumstände. Neben finanziellen Einbußen, Wegfall eines Teils des Familieneinkommens und erhöhten Lebenshaltungskosten für die vergrößerte Familie ist es besonders der Verlust der bisherigen Unabhängigkeit, der vor allem die Mütter am meisten belastet. Je mehr sonstige konkurrierende Lebensziele durch die Kinderbetreuung beeinträchtigt werden, als um so größere Belastung werden Kinder zwangsläufig empfunden.

Schließlich spielt wohl auch das gestiegene Risikobewußtsein der jüngeren Bevölkerung eine Rolle. Das beginnt bei der Sorge um die körperliche und geistige Unversehrtheit der zu gebärenden Kinder, ihre angemessene Erziehung und Ausbildung und ihre Entwicklung in der gewünschten Weise. Das „Verantwortungsbewußtsein" der Eltern, an das heute so oft appelliert wird, scheint von den Eltern besondere Aufmerksamkeiten und Aufwendungen bei der Kindererziehung zu erwarten, so daß es gewöhnlich nur für ein oder zwei Kinder reicht.

Die geringste Rolle bei der Entscheidung für oder gegen Kinder spielen – wenn überhaupt – gesamtgesellschaftliche Belange. Die Betroffenen zeigen wenig Neigung, objektive oder subjektive Nachteile zugunsten eines von ihnen bestenfalls abstrakt empfundenen Gemeinwohls in Kauf zu nehmen. Zur Zeit dürfte das Bewußtsein, daß die Summe der individuell „vernünftigen" Entscheidungen zur Begrenzung der Kinderzahl auf Dauer gesamtgesellschaftlich zu einer untragbaren Situation führen kann, die zwar nicht die eigene Existenz gefährdet, möglicherweise aber die der Nachkommen, kaum vorhanden sein. Die Gesellschaft tut ja auch von sich aus sehr wenig, um nicht nur dieses Bewußtsein zu wekken, sondern auch um den offiziellen Proklamationen durch entsprechende Maßnahmen die nötige Glaubwürdigkeit zu verleihen. Mit der Forderung nach Schaffung einer kinderfreundlichen Umwelt allein ist es nicht getan.

Zusammenfassend läßt sich sagen, daß es die bewußte Entscheidung der potentiellen Eltern ist, die zu dem Geburtenrückgang geführt hat. Diese Entscheidung wird fast ausschließlich individuell getroffen, das heißt unter Abwägung der persönlichen Vor- und Nachteile. Gesellschaftliche Notwendigkeiten werden dabei kaum berücksichtigt. Das ist nicht weiter verwunderlich, da selbst die verantwortlichen Politiker sich noch zu keiner eindeutigen Beurteilung des Geburtenrückganges durchgerungen haben. Neben einzelnen besorgten Kommentaren gibt es Stimmen, die den Geburtenrückgang positiv beurteilen. Im allgemeinen überwiegt jedoch Gleichgültigkeit.

Zwar ist nicht auszuschließen, daß sich irgendwann einmal das gegenwärtige System ändert und die Geburtenfreudigkeit wieder steigt, zur Zeit sind jedoch noch keine Ansätze für eine derartige Tendenzwende in Sicht. Das Ursachensystem für den Geburtenrückgang erscheint recht stabil. Es ist daher nicht nur gerechtfertigt, sondern sogar notwendig, die zukünftige Entwicklung unter Status-quo-Bedingungen zu ermitteln. Nur so lassen sich unerwünschte Tendenzen rechtzeitig erkennen. Die Projektion der gegenwärtigen Konditionen auf die Zukunft schließt nicht aus, auch abweichende Verhaltensweisen zu berücksichtigen, also etwa einen noch stärkeren Rückgang der Geburtenhäufigkeit oder aber einen langsamen Wiederanstieg.

1.3.3 Zukunftsperspektiven

Über das Vorgehen:

Sichere Aussagen darüber, wie sich die Bevölkerungszahl der Bundesrepublik in den nächsten Jahrzehnten verändern wird, sind natürlich nicht möglich. Die Erfahrung mit vergangenen Berechnungen hat sogar gezeigt, daß es nicht einmal sinnvoll ist, Prognosen abzugeben, daß heißt zukünftige Einwohnerzahlen zu ermitteln, denen man die größte Wahrscheinlichkeit zumißt. Allzu groß waren bereits nach kurzer Zeit die Abweichungen zwischen tatsächlichen und prognostizierten Werten. Aus diesem Grunde werden heute fast nur noch Bevölkerungsprojektionen, Berechnungen mit genau fixierten Annahmekonstellationen durchgeführt. Dabei wird in der Regel angestrebt, die Annahmen so zu fixieren, daß sie eine aus heutiger Sicht plausible Veränderungstendenz ergeben. Um die Bandbreiten möglicher Abweichungen zu zeigen, werden meist mehrere Annahmekonstellationen festgelegt.

Für langfristige Berechnungen, wie sie hier durchgeführt werden sollen, gelten jedoch selbst derartige Projektionen noch als zu unsicher. Es wäre vermessen, etwa für einen Zeitraum von 100 Jahren Plausibilitätsüberlegungen anstellen zu wollen. Hier helfen nur Modellrechnungen, also Berechnungen unter möglichst einfachen Annahmen, die anzeigen, was geschieht, wenn die gesetzten Prämissen in Zukunft eintreten.

Hierfür ein Beispiel: Eine Modellrechnung liegt vor, wenn die derzeitigen Fruchtbarkeits- und Sterblichkeitsverhältnisse zeitlich konstant gehalten werden mit der Folge, daß die Bevölkerung der Bundesrepublik bis zum Jahre 2050 auf etwa die Hälfte schrumpft. Es ist zweifelhaft, ob man dem Resultat eine gewisse Plausibilität zubilligen kann, da die Einflußfaktoren des Bevölkerungswachstums mit Sicherheit über einen solch langen Zeitraum nicht konstant bleiben. Dennoch sind derartige Berechnungen keinesfalls nutzlos, zeigen sie doch, was geschehen wird, wenn es nicht zu einem Wiederanstieg der Fruchtbarkeit kommt.

In diesem Sinne sind alle folgenden Berechnungen wegen der Länge des Zeitraums und der Einfachheit der Annahmen derartige Modellrechnungen. Sie bedeuten keinesfalls eine Vorhersage der Zukunft, sondern geben lediglich Informationen darüber, wie sich die Zukunft entwickeln könnte.

Da für die Bevölkerungsveränderung während eines Zeitraums die einfache Gleichung gilt: Bevölkerungsendbestand = Bevölkerungsanfangsbestand + Geborene ./. Gestorbene + Einwanderungen ./. Auswanderungen, sind folglich Annahmen über die Entwicklung von Geburten- und Sterbezahlen sowie über die Wanderungsbewegungen über die Grenzen des Bundesgebietes hinweg zu machen. Die zukünftigen Geburtenzahlen und Sterbefälle werden in der Regel über altersspezifische Fruchtbarkeitsziffern beziehungsweise Sterbewahrscheinlichkeiten geschätzt, um die Einflüsse der ungleichmäßigen Altersstruktur der Bevölkerung berücksichtigen zu können. Ein- und Auswanderungen werden der Einfachheit halber saldiert.[24]

Die Modellrechnungen erfolgen in zwei Abschnitten, und zwar einmal für die gesamte Wohnbevölkerung (Deutsche und Ausländer), dann auch – wegen des unterschiedlichen generativen Verhaltens von Ausländern und Deutschen und der tendenziell größeren Wanderungsneigung der Ausländer – getrennt nach Deutschen und Ausländern. Folgende Annahmen wurden zugrunde gelegt:

1.3.3.1 Wohnbevölkerung insgesamt

Fruchtbarkeit

Die Basisannahme geht davon aus, daß die Nettoreproduktionsrate mit 0,68 auf dem Niveau der Jahre 1975/76 konstant bleibt. Das bedeutet, daß jede Frauengeneration nur 68 Prozent der Kinder auf die Welt bringt, die eigentlich zur Ersetzung des Bestandes erforderlich wären.

Alternativ dazu geht eine „pessimistische" Annahme davon aus, daß die Fruchtbarkeit weiter abnimmt bis zum Jahre 1987, und zwar bis zu einer Nettoreproduktionsrate von 0,6.

Eine „optimistische" Variante unterstellt, daß bis 1987 die Nettoproduktionsrate wieder auf den Wert 1 steigt. Das mag zwar im Augenblick unrealistisch erscheinen. Es sei jedoch daran erinnert, daß die Nettoreproduktionsrate noch 1969 einen Wert von über 1 hatte und in nur 6 Jahren auf das derzeit niedrige Niveau absackte. Die Verwendung wieder ansteigender Fruchtbarkeitsraten ist keinesfalls ungewöhnlich. Beispielsweise hält das eidgenössische Statistische Amt bei seiner jüngsten Bevölkerungsprojektion einen späteren Anstieg der gegenwärtig niedrigen Fruchtbarkeit für am wahrscheinlichsten.[25] Eine plausible Erklärung für diese Vermutung fehlt jedoch.

Bei einer nüchternen Bewertung der Ursachen für den derzeitigen Geburtenrückgang ist die Annahme mindestens ebenso realistisch, daß es zu einem weiteren Rückgang der Fruchtbarkeit kommt. Zwar hat es in der Vergangenheit immer wieder einmal Zeiten mit stark eingeschränkter Geburtenhäufigkeit gegeben. Sie waren aber in der Regel durch außergewöhnliche Einflüsse wie Kriege oder Wirtschaftskrisen zu erklären und auch entsprechend kurzfristiger Natur. Aus Längsschnittuntersuchungen ist bekannt, daß sich die Geborenenzahlen später regelmäßig wieder erhöhten, wenn sich die Zeiten normalisiert hatten. Es kam also nicht zu einem Geburtenausfall, sondern lediglich zu einem Geburtenaufschub. Der in den letzten Jahren eingetretene Wandel des Wertesystems macht jedoch einen recht stabilen Eindruck, so daß ohne eine gezielte Einflußnahme vorerst nicht mit einer Tendenzwende zu rechnen ist. Es ist höchstens zu vermuten, daß dann, wenn die möglichen oder tatsächlichen Folgen des Geburtenrückgangs auch der breiteren Öffentlichkeit bekannt werden, die Fruchtbarkeit wieder ansteigt. Insofern ist die Annahme langfristiger Konstanz der Fruchtbarkeit zwar anschaulich und als Modellannahme brauchbar, wenn auch auf Dauer nicht unbedingt realistisch.

Welche Veränderungen bei den derzeit herrschenden Familiengrößen eintreten müssen, um eine Nettoreproduktionsrate von 1 zu erreichen, hat Karl Schwarz in einer weiteren Modellrechnung ermittelt.[26] Ausgangspunkt ist die Feststellung, daß bei gegebenen Heiratshäufigkeiten der Frauen von 91 Prozent in 100 Ehen im Durchschnitt 220 Kinder geboren werden müssen, damit die Bevölkerungszahl langfristig erhalten bleibt. Diese Zahl ergibt sich, wenn man berücksichtigt, daß einerseits nicht alle Frauen heiraten, andererseits ein Teil der Geburten außerehelich erfolgt.

Bei der Verteilung dieser 220 Kinder auf 100 Ehen macht Schwarz folgende Prämissen:

- 10 Prozent der Ehen bleiben wegen natürlicher Unfruchtbarkeit mindestens eines der Ehepartner ohne Kinder. Dieser Satz läßt sich aus verschiedenen älteren Untersuchungen belegen.
- Weitere 5 Prozent der Ehen bleiben aus freier Entscheidung der Ehepartner kinderlos. Dieser Anteil wird durch neuere Meinungsumfragen bestätigt.
- Es gibt keine Ehen mit 5 oder mehr Kindern. Nur 10 Prozent der Ehen haben 4 Kinder.

Tabelle 17 vergleicht die sich aufgrund dieser Annahmen ergebenden Familiengrößen mit der des Jahres 1975. Dabei zeigt sich, daß der Anteil der Familien mit einem Kind von derzeit 31 auf 5 Prozent zurückgehen müßte, während der Anteil der Familien mit drei Kindern von 10 auf 35, der mit vier oder mehr Kindern von 2 auf 10 Prozent ansteigen müßte.

Tabelle 17:
Kinderzahl je 100 Ehen in der Bundesrepublik Deutschland,
Annahme: Geburtenhäufigkeit von 1975
und Nettoreproduktionsrate von 1 (Modell)

100 Ehen nach der Kinderzahl			Kinder je 100 Ehen		
Ehen	1975	Modell	Kinder	1975	Modell
ohne Kinder	24	15	1 Kind	76	85
mit 1 Kind	21	5	2 Kinder	45	80
2 Kindern	33	35	3 Kinder	13	45
3 Kindern	10	35	4 oder weitere Kinder	4	10[1]
4 und mehr Kindern	2	10[1]			
zusammen	100	100	zusammen	138	220

[1] nur 4 Kinder
Quelle: Wirtschaft und Statistik, 1977, Seite 378

Wenn man davon ausgeht, daß die Untergrenze von 20 Prozent Ehen mit keinem oder nur einem Kind nicht unterschritten werden kann, könnte jede Erhöhung des Anteils der Zwei-Kinder-Familien nur bei einer gleichzeitigen Erhöhung des Anteils der Familien mit vier Kindern kompensiert werden. Eine Reduzierung der Zwei-Kinder-Familien bedingt andererseits, daß sich der Anteil der Drei-Kinder-Familien erhöht. Das erscheint wenig plausibel, da im Modell bereits 56 Prozent der Ehen nach der Geburt von zwei Kindern noch mindestens ein drittes haben müssen. Zur Zeit trifft das nur für knapp 27 Prozent zu. Das Beispiel dürfte zeigen, daß ein rascher Wiederanstieg der Fruchtbarkeit bis auf das Niveau der Bestandserhaltung aus heutiger Sicht nicht sehr plausibel erscheint.

Sterblichkeit

Die Sterblichkeit wird mit den Werten der Sterbetafel von 1970/72 als konstant angesetzt. Allerdings werden, wegen der bereits eingetretenen und auch zu erwartenden Fortschritte bei der Bekämpfung der Säuglings- und Kleinkindersterblichkeit, bei den null- bis zweijährigen die provisorischen (rohen) Sterbewahrscheinlichkeiten der abgekürzten Sterbetafel 1973 bis 1975 verwendet. Darüber hinaus werden diese Werte noch 10 Jahre lang jährlich um 3 Prozent verringert. Das bedeutet einen Rückgang der Säuglingssterblichkeit von 23 je 1000 Lebendgeborene in den Jahren 1970 bis 72 auf etwa 14,5 im Jahre 1985. Dieser Wert liegt etwa auf dem Niveau, das Großbritannien zur Zeit hat, während die skandinavischen Länder, die Schweiz, Frankreich und die Niederlande sogar noch niedrigere Werte aufweisen.

Wanderungen

Bei den Wanderungen wird bis 1980 mit einem leicht rückläufigen negativen Wanderungssaldo gerechnet. Ab 1981 wird eine ausgeglichene Wanderungsbilanz angesetzt. Der Wanderungssaldo wird der Einfachheit halber proportional auf die Wohnbevölkerung aufgeteilt. Es wird also unterstellt, daß alle Altersgruppen gleichermaßen an den Wanderungen partizipieren, eine Annahme, die nicht unbedingt zutrifft. Der Verzerrungseffekt ist angesichts der relativ unbedeutenden Wanderungsströme jedoch unerheblich.

Wohnbevölkerung nach Deutschen und Ausländern getrennt

Bei den Deutschen wird gleichbleibende Fruchtbarkeit auf dem Niveau von 1976 unterstellt, während bei den Ausländern ein Rückgang der Nettoreproduktionsrate von 1,061 (1976) auf 1,000 (1978) angesetzt wird. Diese Annahme-Konstellation entspricht in etwa der mittleren Variante für die gesamte Wohnbevölkerung. Ob eine derartige Annahme angesichts der Neigung vieler Ausländer, in der Bundesrepublik zu bleiben, realistisch ist, sei dahingestellt. Sollte der größte Teil der jetzt in der Bundesrepublik lebenden Ausländer tatsächlich auf Dauer hierbleiben, ist mit einer Anpassung ihrer Lebensgewohnheiten an die deutschen Verhältnisse zu rechnen, auch was die Kinderzahl betrifft.

Bei der Sterblichkeit werden für Ausländer und Deutsche die gleichen Sterbewahrscheinlichkeiten angenommen.

Der angenommene Wanderungssaldo wird in einen positiven Wanderungssaldo für die deutsche und einen negativen Wanderungssaldo für die ausländische Bevölkerung aufgeteilt. Es wird also unterstellt, daß bis 1980 – wenn auch mit abnehmender Tendenz – der Zustrom Deutscher in die Bundesrepublik anhält, während noch einige Jahre lang Ausländer abwandern.

Die verschiedenen Annahme-Konstellationen sind in der Tabelle 18 (im Anhang) aufgeführt. Basisjahr für alle Varianten ist 1976.

1.3.3.2 Ergebnisse

Entwicklung der Wohnbevölkerung

Entsprechend den divergierenden Annahmen über die Fruchtbarkeit ergeben sich völlig unterschiedliche Bevölkerungszahlen. Die

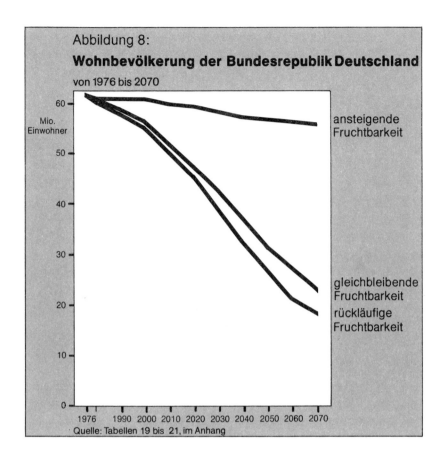

Diskrepanzen sind um so größer, je weiter man in die Zukunft fortschreitet. Unter der derzeit plausibelsten Annahme, daß sich die Nettoreproduktionsrate auf dem gegenwärtigen Niveau von 0,68 stabilisiert, kommt es zu der in Tabelle 19 (im Anhang) dargestellten Bevölkerungsentwicklung. Die Zahl der Geborenen sinkt 1977 und 1978 noch geringfügig und steigt dann langsam an. Sie erreicht ein Maximum mit etwa 660 000 zwischen 1985 und 1990. Danach geht die Zahl der Geburten erst langsam, dann immer rascher zurück. Dieser Verlauf ist durch die geburtenstarken Jahrgänge der sechziger Jahre bedingt, die bis 1990 ins Heiratsalter kommen, so daß selbst bei gleichbleibender Fruchtbarkeit wieder mehr Kinder geboren werden. Die dann nachrückenden Jahrgänge sind jedoch infolge des Geburtenrückganges der letzten Jahre immer schwächer besetzt. Von ihnen werden auch immer weniger Kinder zu erwarten sein.

Die Zahl der Todesfälle erhöht sich auf über 800 000 im Jahr, bleibt bis zum Jahr 2000 auf diesem Niveau, um von da ab noch einmal anzuwachsen auf maximal 880 000 im Jahre 2020. Danach verringert sich der Anteil alter Leute kontinuierlich; auch die Sterbefälle nehmen ab.

In allen Jahren liegen die Sterbefälle jedoch über den Geburtenzahlen, so daß die Bevölkerungszahl ständig zurückgeht. Da überdies die Geburtenzahlen in den nächsten Jahren geringer steigen als die Todesfälle und ihr Rückgang auch früher einsetzt, vergrößert sich das Geburtendefizit von jetzt rund 200 000 immer mehr. Das Maximum liegt in den dreißiger Jahren des nächsten Jahrhunderts bei etwa 580 000. Das bedeutet, daß die bundesdeutsche Bevölkerung dann jährlich um die Einwohnerzahl einer Großstadt – wie etwa Nürnberg – schrumpft. Später verringert sich das absolute Geburtendefizit zwar langsam, relativ, das heißt bezogen auf den jeweiligen Bevölkerungsstand, steigt es dagegen weiter an. Mit anderen Worten, die Bevölkerungszahl schrumpft um einen von Jahr zu Jahr leicht ansteigenden Prozentsatz.

Diese Entwicklung stabilisiert sich gegen Ende des nächsten Jahrhunderts, da sich die Bevölkerungspyramide immer mehr einer sogenannten stabilen Bevölkerung nähert mit gleicher relativer Altersstruktur sowie konstanten Abnahmeraten von Geburten und Todesfällen. Der Schrumpfungsprozeß setzt sich allerdings fort.

Als Fazit bleibt festzuhalten, daß die Bevölkerungszahl der Bundesrepublik bei den derzeitigen Fruchtbarkeitsverhältnissen und unter der Annahme, daß Zu- und Abwanderungen sich ab 1981 ausgleichen, von 61,4 Millionen im Jahre 1976 auf 55,9 Millionen im Jahre 2000 und schließlich auf 23,3 Millionen im Jahre 2070 schrumpfen wird.

Noch gravierender ist der Schrumpfungsprozeß, wenn die Prämisse unterstellt wird, daß die Fruchtbarkeit weiter absinkt bis auf das Niveau einer Nettoreproduktionsrate von 0,6 (vgl. Tabelle 20 im Anhang). Der bemerkenswerteste Unterschied zu der vorangegangenen Modellrechnung liegt darin, daß es jetzt in den nächsten Jahren zu keinem Anstieg der Geborenenzahlen kommt. Die Zunahme der Personenzahl im Heiratsalter wird durch den Rückgang der Fruchtbarkeit überkompensiert.

Da der stärkere Geburtenrückgang für die nächsten Jahrzehnte die Zahl der Todesfälle nahezu unverändert läßt, betroffen sind zunächst ja nur die jungen Jahrgänge mit niedriger Sterblichkeit, fällt der Rückgang der Bevölkerungszahl noch stärker aus. Danach gäbe es im Jahr 2000 nur noch 54,6 Millionen Einwohner und 2070 lediglich 18 Millionen. Die Bevölkerung würde in knapp 100 Jahren auf rund 30 Prozent des heutigen Bestandes absinken.

Unterstellt man dagegen, daß die Fruchtbarkeit in den nächsten zehn Jahren wieder auf das Niveau einer Nettoreproduktionsrate von 1 ansteigt, führt der Geburtenausfall der Jahre 1970 bis 1986, in denen die Fruchtbarkeit unter dem Reproduktionsniveau liegt, zu einem Bevölkerungsrückgang, der sich in recht engen Grenzen hält. In diesem Fall steigt die Geborenenzahl bis 1990 auf über 950 000, erreicht also fast wieder das Niveau der geburtenstarken sechziger Jahre. Diese Erhöhung um rund 60 Prozent gegenüber dem gegenwärtigen Stand ist nicht nur auf den Anstieg der Fruchtbarkeit zurückzuführen, sondern auch auf den Umstand, daß es dann besonders viele Leute im Heiratsalter gibt.

Da die Zahl der Sterbefälle zunächst weitgehend unbeeinflußt vom Ansteigen der Geborenenzahlen ist, gibt es von 1985 bis 1995 wieder einen Geborenenüberschuß, die Bevölkerungszahl nimmt entsprechend zu. Danach geht die Geborenenzahl wieder unter 800 000 zurück.

Diese zweite demographische Welle erzeugt im Abstand von jeweils 28 Jahren, das ist der mittlere Generationenabstand, weitere kleine Wellen mit dazwischenliegenden Tälern, obwohl ab 1987 einheitlich mit einer gleichbleibenden Nettoreproduktionsrate gerechnet wird.

Festzuhalten bleibt schließlich, daß trotz einer Fruchtbarkeit, die langfristig die Reproduktion der Bevölkerung sichert, die Einwohnerzahl aufgrund einer für weiteres Wachstum ungünstigen Bevölkerungsstruktur in den nächsten Jahrzehnten langsam absinkt. Gegen Ende des Untersuchungszeitraumes flacht sich der Rückgang jedoch deutlich ab, die Einwohnerzahl stabilisiert sich bei etwa 56 Millionen.

Bevölkerungsentwicklung bei Deutschen und Ausländern

Die niedrige Geborenenzahl in der Bundesrepublik erscheint etwas günstiger durch den vergleichsweise hohen Anteil von Ausländerkindern. Von den 601 000 Lebendgeborenen des Jahres 1975 hatten 96 000, also etwa 16 Prozent, eine ausländische Staatsangehörigkeit, obwohl die Ausländer nur 6,3 Prozent der Wohnbevölkerung der Bundesrepublik stellten. Für diese Disproportionalität gibt es zwei Gründe, zum einen die wesentlich höhere Fruchtbarkeit der Ausländerinnen, die 1975 mit einer Nettoreproduktionsrate von 1,1 um 72 Prozent über der der deutschen Frauen (Nettoreproduktionsrate 0,64) lag. Zum anderen ist aber auch die Altersstruktur der Ausländer günstiger; der Anteil der Ausländerinnen zwischen 15 und 45 Jahren ist in der Bundesrepublik wesentlich höher als der der deutschen Frauen. So positiv dieser Ausländerbeitrag für die deutsche Geburtenbilanz ist, darf doch nicht übersehen werden, daß die wachsende Zahl von Ausländerkindern die deutsche Infrastruktur, vor allem auf dem Bildungssektor, vor große Probleme stellt.

Verschiedentlich wird die Befürchtung geäußert, daß es auch ohne weitere Zuwanderungen wegen der größeren Fruchtbarkeit der Ausländerinnen auf die Dauer zu einer „Überfremdung" der Bundesrepublik kommen könnte, falls die zur Zeit hier lebenden Ausländer nicht mehr in ihre Heimatländer zurückkehren würden.

Bei einer solchen Argumentation wird jedoch meist übersehen, daß bei einem Verbleiben der Ausländer in der Bundesrepublik eine Anpassung der Lebensverhältnisse an die deutsche Situation erfolgt; die Geburtenfreudigkeit dürfte also über kurz oder lang ebenfalls sinken. Zumindest ein Teil dieser Ausländer wird sich wohl auch voll in die deutsche Bevölkerung integrieren. Um dennoch das größtmöglichste Ausmaß der „Überfremdung" deutlich zu machen, wurde die ausländische und die deutsche Bevölkerung getrennt fortgeschrieben (zu den Annahmen vgl. Tabelle 18 im Anhang).[27]

Aus Tabelle 22 (im Anhang) ist zu ersehen, daß die Zahl der Deutschen kontinuierlich abnimmt, während die Zahl der Ausländer nur kurzfristig bis 1980 aufgrund der unterstellten Wanderungsverluste zurückgeht. Bis 2070 steigt die Ausländerzahl um 25 Prozent auf 4,8 Millionen. Da gleichzeitig die Zahl der Deutschen rückläufig ist, erhöht sich der Ausländeranteil überproportional von derzeit 6,3 Prozent auf 18,7 Prozent im Jahre 2070.

Bei der Beurteilung dieser Entwicklung muß berücksichtigt werden, daß die Ergebnisse unter zwei recht unrealistischen Prämissen zustandegekommen sind:

— Es wird unterstellt, daß sich die Ausländerinnen in ihren Kinderwünschen nicht den deutschen Frauen anpassen, selbst wenn sie seit einigen Generationen in der Bundesrepublik leben.

— Eine Integration findet nicht statt. Auch werden die Kinder aus gemischten Ehen mit ausländischen Müttern entgegen der Rechtslage nicht zu den Deutschen gerechnet.

Vor allem die letzte Annahme ist fragwürdig. Es dürfte kaum angehen, Ausländer auf Generationen in der Bundesrepublik leben und arbeiten zu lassen, ohne ihnen die Möglichkeit einer vollen Integration zu geben, die sie dann sicherlich anstreben. Geschieht dies aber, kann man wohl nur noch von einer ethnischen Minderheit sprechen, vergleichbar etwa mit Gruppen, die vor 1900 in die Vereinigten Staaten eingewandert sind.

Altersstruktur

Die anhaltend niedrige Fruchtbarkeit bewirkt nicht nur einen Rückgang der Bevölkerungszahl, sie führt auch zu einer erheblichen Veränderung der Altersstruktur der Bevölkerung. Dieser Veränderungsprozeß wird zusätzlich durch die Unregelmäßigkeiten in der gegenwärtigen Alterspyramide der Bundesrepublik beeinflußt. Während sich die Basis der Bevölkerungspyramide infolge der rückläufigen Geborenenzahlen immer mehr verjüngt, schieben sich die stark besetzten Jahrgänge der sechziger Jahre wie eine

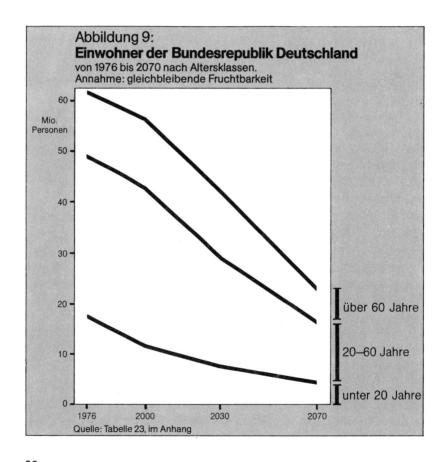

Abbildung 9:
Einwohner der Bundesrepublik Deutschland
von 1976 bis 2070 nach Altersklassen.
Annahme: gleichbleibende Fruchtbarkeit

Quelle: Tabelle 23, im Anhang

gewaltige demographische Welle im Laufe der Zeit durch alle Altersklassen. Es ergeben sich folglich in den nächsten Jahrzehnten erhebliche Schwankungen sowohl in der Anzahl als auch im Anteil der Personen der einzelnen Altersklassen. (Vgl. Abbildungen 9 und 10 und Tabelle 23 im Anhang)

Unter der Annahme konstanter Fruchtbarkeit verringert sich die Zahl der Kinder (unter 15 Jahren) am stärksten. 1976 gab es 12,7 Millionen (20,6 Prozent) Kinder. Im Jahre 2000 sind es 8,7 Millionen (15,6 Prozent), im Jahre 2030 5,4 Millionen (12,7 Prozent)

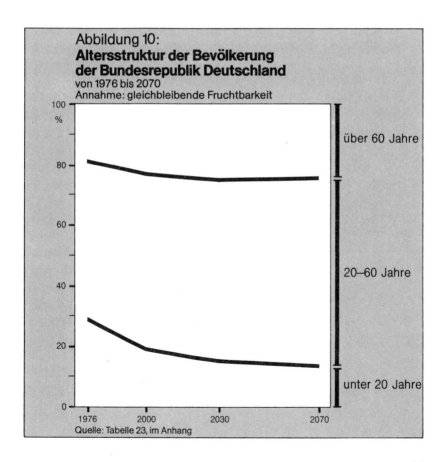

Abbildung 10:
Altersstruktur der Bevölkerung der Bundesrepublik Deutschland
von 1976 bis 2070
Annahme: gleichbleibende Fruchtbarkeit

Quelle: Tabelle 23, im Anhang

und 2070 nur noch 2,9 Millionen Kinder (12,4 Prozent). Ebenfalls rückläufig sind die Zahlen und Anteile der 15- bis 30jährigen. Demgegenüber steigt die Zahl der 30- bis 60jährigen von derzeit 23,4 Millionen (38,1 Prozent) auf 24,5 Millionen (45,4 Prozent) im Jahre 2000. Zahl und Anteil der älteren Menschen wachsen sogar noch bis zum Jahre 2030. Während 1976 „nur" 19,8 Prozent der Einwohner älter als 60 Jahre waren, werden es 2030 32,3 Prozent sein. Nach dem Jahre 2030 normalisiert sich die Altersstruktur, weil sich dann unter den gesetzten Prämissen die Alterspyramide dem Modell einer stabilen Bevölkerung nähert, mit konstanter Struktur bei rückläufigen absoluten Zahlen.

Die Veränderungen im Altersaufbau der Bevölkerung der Bundesrepublik werden noch deutlicher, wenn man die Gestalt der Alterspyramiden betrachtet. (Vgl. Abb. 11 im Anhang).

Während die Pyramide des Basisjahres in etwa eine urnenförmige Gestalt aufweist, also von dem ideal-typischen Fall einer Pyramide mit breiter Basis weit entfernt ist, verlagert sich der Schwerpunkt immer weiter nach oben.

Geht man von einem weiteren Rückgang der Fruchtbarkeit aus, verstärken sich die Schwankungen in der Altersstruktur. Bei den Besetzungszahlen ergeben sich dagegen nur geringere Werte bei den nach 1976 geborenen Jahrgängen (vgl. Tabelle 24 im Anhang). Der Kinderanteil sinkt von 20,6 Prozent (1976) auf 10,4 Prozent (2070). Leichtere Rückgänge zeigen auch die Anteile der 15- bis 60jährigen, während der Anteil alter Leute von 19,8 Prozent auf 34,8 Prozent ansteigt. Demnach wäre im Jahre 2070 über ein Drittel der Bevölkerung älter als 60 Jahre.

Die geringsten Veränderungen in der Altersstruktur ergeben sich dagegen, wenn die Fruchtbarkeit in den nächsten Jahren wieder bis auf das Reproduktionsniveau ansteigt (vgl. Tabelle 25 im Anhang). In diesem Fall bleibt der Kinderanteil etwa konstant. Bei den übrigen Altersklassen schwanken die Anteile zwischenzeitlich. Beispielsweise sinkt der Anteil der 15- bis 30jährigen bis zum Jahre 2000 von 21,4 auf 16,4 Prozent. Demgegenüber steigt der Anteil der

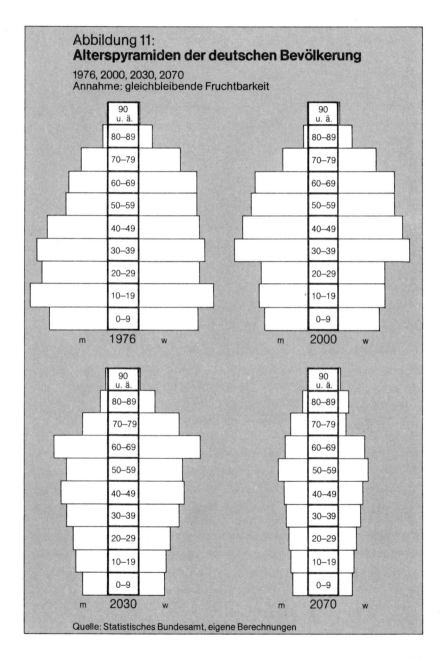

30- bis 60jährigen und der alten Menschen vorübergehend an. Alle Quoten erreichen gegen Ende des Untersuchungszeitraumes in etwa wieder das Ausgangsniveau.

Unter dem Aspekt einer möglichst gleichbleibenden Altersstruktur wäre also ein Wiederanstieg der Fruchtbarkeit in den nächsten Jahren optimal. Allerdings werden größere Unterschiede zwischen einzelnen Jahrgängen durch die großen Klassen ausgeglichen. Im einzelnen können die Differenzen erheblich sein. So würde der unterstellte Anstieg der Fruchtbarkeit die Zahl der Geborenen innerhalb von zehn Jahren von derzeit etwa 600 000 auf über 900 000 ansteigen lassen. Bis zum Jahre 2000 wäre ein derartiger Babyboom jedoch schon wieder weitgehend abgeflaut. Die Durchschnittsbetrachtung großer Altersklassen läßt jedoch solche zeitlich begrenzten Phänomene meist nicht erkennen.

Betrachtet man dagegen die einzelnen Geburtsjahrgänge isoliert, zeigen sich bei allen drei Varianten mehr oder minder deutlich ausgeprägte Schwankungen. Sie sind bedingt durch die Unregelmäßigkeiten des gegenwärtigen Bevölkerungsaufbaus, besonders den Geburtenberg der sechziger Jahre sowie die niedrige Fruchtbarkeit der siebziger Jahre. Im Abstand von etwa 14 Jahren folgen Maxima und Minima in der Häufigkeitsverteilung der Altersjahre aufeinander. Die Ursache für diese Regelmäßigkeit ist offenkundig: Stark besetzte Elternjahrgänge (mittleres Alter der Mütter etwa 28 Jahre) haben viele Kinder, während schwachbesetzte Jahrgänge bei gleicher Fruchtbarkeit entsprechend weniger Kinder bekommen. Da nach etwa 28 Jahren eine Kindergeneration ihrerseits ins Reproduktionsalter kommt, pflanzen sich die Unregelmäßigkeiten im Altersaufbau von Generation zu Generation fort. Sie werden allerdings normalerweise immer schwächer. Ein sofortiger Ausgleich im Sinne möglichst gleichbleibender Kinderzahlen wäre lediglich über eine „antizyklische" Fruchtbarkeit zu erzielen, indem stark besetzte Jahrgänge ihre Fruchtbarkeit einschränken oder zumindest die geplanten Geburten zeitlich verschieben, während schwach besetzte entsprechend umgekehrt reagieren. Ob eine derartige Verhaltensbeeinflussung möglich ist, erscheint fraglich.

Ein erheblicher Teil der Schwankungen in der Bevölkerungsstruktur ließ sich vermeiden, wenn der Anstieg der Fruchtbarkeit auf das Reproduktionsniveau nicht in der vergleichsweise kurzen Zeit von – wie angenommen – 12 Jahren erfolgt, sondern erst bis zum Jahre 2000. Dadurch würde nämlich vermieden, daß das hohe Fruchtbarkeitsniveau bereits dann erreicht ist, wenn die starken Geburtenjahrgänge der sechziger Jahre ins Reproduktionsalter kommen.

Tabelle 26 (im Anhang) zeigt, daß das Maximum der Geborenenzahlen in diesem Falle etwa um das Jahr 1990 liegt, allerdings ist die absolute Zahl um 100 000 Geborene niedriger als bei der Variante mit rascher ansteigender Fruchtbarkeit. Der anschließende demographisch bedingte Rückgang der Geborenenzahlen beträgt hier nur knapp 200 000, ist also um rund ein Drittel geringer als in der Vergleichsvariante.

Der nach der Jahrtausendwende erneut einsetzende Anstieg der Geborenenzahlen ist nur noch geringfügig. Für den gesamten restlichen Untersuchungszeitraum stabilisieren sich die Geborenenzahlen dann zwischen 700 000 und 800 000.

Der langsamere Anstieg der Fruchtbarkeit bewirkt allerdings, daß die Bevölkerung der Bundesrepublik etwas stärker schrumpft. Im Jahre 2070 würde danach die Einwohnerzahl mit 52,3 Millionen um 3,5 Millionen niedriger sein als in der Vergleichsvariante.

Die hier vorgestellte Variante eines langsamen Anstiegs der Fruchtbarkeit ist noch nicht einmal optimal im Hinblick auf gleichbleibende Geborenenzahlen. Ein Vergleich mit den Zahlen bei konstanter Fruchtbarkeit zeigt, wann der Anstieg zweckmäßigerweise einsetzen sollte, nämlich etwa im Jahre 1990. Aus demographischen Gründen werden die Geborenenzahlen (bei gleichbleibender Fruchtbarkeit) in den achtziger Jahren ohnehin wieder ansteigen. Eine gleichzeitige Zunahme der Fruchtbarkeit würde den Anstieg nur noch verstärken. Die Fruchtbarkeit müßte anschließend jedoch stärker zunehmen, um die nach 1990 stark rückläufige Zahl potentieller Mütter zu kompensieren.

Auf keinen Fall darf dagegen die Fruchtbarkeit weiter sinken und so das Geburtental der siebziger Jahre verstärken. Hierdurch würde nicht nur die zahlenmäßige Diskrepanz zu den sechziger Jahren weiter vergrößert, sondern es wurden auch zukünftige Schwankungen in den Jahrgangsstärken vorprogrammiert.

Die Ergebnisse zeigen, daß es auch ohne eine ausgesprochen antizyklische Veränderung der Fruchtbarkeit, das heißt ohne ständige Schwankungen möglich ist, zu einer Stabilisierung der Geborenenzahlen zu kommen und so einen einigermaßen ausgeglichenen Altersaufbau der Bevölkerung zu erreichen.

Zu untersuchen bleibt allerdings, ob eine annähernd gleichbleibende Geborenenzahl auch optimal ist, wenn man etwa ökonomische oder soziale Aspekte berücksichtigt. Es wäre durchaus denkbar, etwa zum Zwecke der Wachstumsstimulierung ständig steigende Geborenenzahlen zu fordern. Die Probleme der Umweltbelastung ließen sich möglicherweise besser lösen, wenn die Geborenenzahlen und damit die Gesamtbevölkerung ständig – leicht – zurückgehen würden. Schließlich könnte sogar das Ziel einer Stabilisierung der absoluten Bevölkerungszahl ständig schwankende Geborenenzahlen erfordern, um entsprechend variierende Gestorbenenzahlen zu kompensieren, die etwa durch die Unregelmäßigkeiten des bestehenden Altersaufbaus hervorgerufen werden.

Zurück zur Bevölkerungsstruktur. In allen drei Varianten nimmt der Anteil alter Leute, zumindest zwischenzeitlich, zu. Dies kommt unter anderem sehr deutlich in der Veränderung des Durchschnittsalters der Bevölkerung zum Ausdruck (vgl. Tabelle 27).

Tabelle 27:
Durchschnittsalter (in Jahren) der Wohnbevölkerung
von 1976 bis 2070

Variante	1976	2000	2030	2070
Konstante Fruchtbarkeit	37,3	40,9	45,2	45,6
Abnehmende Fruchtbarkeit	37,3	41,6	47,2	48,0
Steigende Fruchtbarkeit	37,3	38,3	38,6	38,0

Quelle: Eigene Berechnungen

Bei wiederansteigender Fruchtbarkeit ist der Alterungsprozeß unerheblich. Das Durchschnittsalter steigt von 37,8 Jahren (1976) auf 39,1 Jahre in 2030, um danach wieder auf 38,5 Jahre zurückzugehen. Anders dagegen bei den beiden übrigen Varianten. Bei konstanter Fruchtbarkeit nimmt das Durchschnittsalter auf 46,1 Jahre, bei rückläufiger sogar auf 48,5 Jahre zu. Da in allen drei Varianten mit – grundsätzlich – konstanten Sterbewahrscheinlichkeiten gerechnet wurde, sind die Veränderungen einzig auf die niedrigen Geburtenzahlen zurückzuführen.

Alle bisher dargestellten Annahmen über die Veränderung der Fruchtbarkeit führten zu einer mehr oder minder starken Verringerung der Einwohnerzahl. Unter der Annahme zeitlich konstanter Sterbewahrscheinlichkeiten und einer ausgeglichenen Wanderungsbilanz müßte die Fruchtbarkeit schon erheblich über das Reproduktionsniveau ansteigen, um ein Schrumpfen der Bevölkerung zu vermeiden oder gar ein Wachstum zu bewirken.

Eine derartige Annahme erscheint jedoch aus heutiger Sicht unplausibel. Denn wie bereits dargestellt wurde, lag die Kinderzahl je Ehe in der Nachkriegszeit noch nie über der zur Bestandserhaltung erforderlichen Zahl von 2,2. Das entspricht erst einer Nettoreproduktionsrate von 1 bei einer Längsschnittbetrachtung. Es müßten in der Bundesrepublik wieder die Fruchtbarkeitsverhältnisse der Zeit vor 1930 eintreten, damit ein natürliches Wachstum möglich würde. Eine solche Situation ist zwar nicht undenkbar, nur besonders realistisch ist sie sicher nicht. Um die Diskussion über die möglichen Konsequenzen der demographischen Entwicklung in der Bundesrepublik nicht ausufern zu lassen, erscheint es daher sinnvoll und vertretbar, nur die Konsequenzen des zu erwartenden Bevölkerungsrückganges zu untersuchen. Das soll im folgenden geschehen.

2. Auswirkungen des Bevölkerungsrückganges

Die menschliche Gesellschaft und ihre Lebensumstände unterliegen einer unübersehbaren Vielfalt von Einflüssen, zu denen mit Sicherheit auch die Zahl der Personen und die Struktur der Bevölkerung gehören. In jüngster Zeit ist viel über diese Interdependenzen nachgedacht und noch mehr darüber geredet worden. Sonderlich konkret sind die Ergebnisse jedoch bisher in den seltensten Fällen. Daran wird sich auch wenig ändern, solange es nicht gelingt, eine umfassende Theorie der Gesellschaft zu entwickeln, die nicht nur soziologische, sondern auch ökonomische, ökologische oder politische Bezüge berücksichtigt.

Bis es einmal so weit ist, bietet sich nur die Möglichkeit, systematisch die relevanten gesellschaftlichen Teilbereiche auf ihre denkbare Veränderung durch den Bevölkerungsrückgang hin zu untersuchen. Dabei sind meist nur qualitative Aussagen möglich, die entweder logisch begründet werden können oder plausibel sind. In Grenzfällen können sie auch rein spekulativer Natur sein. Konkrete zahlenmäßige Ergebnisse sind, zumindest über längere Zeit, nur auf der Basis von Status-quo-Annahmen möglich. Immerhin sind sie geeignet, das ansonsten sehr weite Feld denkbarer Entwicklungen etwas zu konkretisieren.

Die folgende Darstellung der relevanten Bereiche weicht von der Chronologie ab, welche die anhaltend niedrige Fruchtbarkeit impliziert: Betroffen ist zuerst die Familie, dann der Bildungssektor, anschließend der Arbeitsmarkt und schließlich das System der sozialen Sicherung. Hier soll mit der Wirtschaft begonnen werden und den Aussichten auf weiteres Wachstum, wenn die Bevölkerungszahl ständig zurückgeht. Dahinter steht die Überlegung, daß sich mögliche Probleme in den übrigen Bereichen leichter lösen lassen oder unter Umständen erst gar nicht zum Tragen kommen, wenn der einzelne oder der Staat über ausreichende finanzielle Mittel verfügt. Mit Geld lassen sich sicher nicht alle Schwierigkeiten aus der Welt schaffen, es ist jedoch möglich, zumindest die materiellen Begleitumstände zu verbessern.

2.1 Wirtschaftswachstum

Seit dem Zweiten Weltkrieg zeigt sich in der Bundesrepublik eine deutliche Übereinstimmung zwischen dem Wachstum der Wirtschaft und der Veränderung der Bevölkerungszahl. Bis 1974 wuchs die Wirtschaft nahezu ununterbrochen. Gleichzeitig erhöhte sich auch die Einwohnerzahl. Seitdem schrumpft die Bevölkerung, und auch die Wirtschaft hat sich noch nicht ganz von den Folgen der Rezession erholt. Diese verblüffende Parallelität legt es nahe, einen engen Zusammenhang zwischen Bevölkerungs- und Wirtschaftswachstum zu vermuten. Konkret würde dies bedeuten, daß angesichts des weiteren Bevölkerungsrückganges die Wachstumsaussichten der deutschen Wirtschaft auf lange Sicht skeptisch zu beurteilen wären.

Der Bevölkerungsrückgang mag zu den gegenwärtigen ökonomischen Schwierigkeiten beigetragen haben. Er kann jedoch nicht ausschlaggebend gewesen sein, da die Rezession nicht nur die Bundesrepublik getroffen hat, sondern auch alle übrigen Industrieländer, Staaten also, die nach wie vor ein kräftiges Bevölkerungswachstum aufweisen. Im übrigen ist die Abnahme der Bevölkerungszahl noch zu geringfügig, als daß sie mehr als psychologische Auswirkungen auf das allgemeine Wirtschaftsklima hätte haben können. Das könnte sich jedoch ändern, wenn der Schrumpfungsprozeß weiter anhält.

Einflüsse auf das Wirtschaftswachstum sind denkbar über Veränderungen in der Güternachfrage und im Arbeitsangebot, und zwar sowohl im Umfang als auch in der Zusammensetzung. Beide Effekte fallen zeitlich auseinander. Während bei einem Geburtenrückgang die Nachfrage unmittelbar betroffen ist, weil die Zahl der Konsumenten sinkt, wird der Arbeitsmarkt mit einer Verzögerung von 15 bis 20 Jahren berührt. Erst nach einer solchen Zeitspanne führen niedrige Geburtenzahlen zu einer entsprechend reduzierten Zahl von Berufsanfängern.

Bei den folgenden Überlegungen sind daher zwei Zeiträume zu unterscheiden. Mittelfristig, für die nächsten 15 bis 20 Jahre, läßt sich die Nachfrage – weitgehend – unabhängig von einem möglichen Arbeitskräftemangel untersuchen. Anschließend könnte jedoch die rückläufige Zahl von Erwerbspersonen zu Engpässen bei der Produktion führen, die das weitere Wirtschaftswachstum gefährden und folglich Auswirkungen auf das Volkseinkommen und damit auch auf die Nachfrage haben.

2.1.1 Nachfrage

Die Nachfrage nach Konsumgütern hängt ab von der Verbrauchsneigung und vom verfügbaren Einkommen. Da der Geburtenrückgang den Arbeitsmarkt vorerst nicht beeinträchtigt, ändern sich die Produktionsmöglichkeiten nicht. Die Produktion unterliegt folglich keinen Einschränkungen, so daß auch das Volkseinkommen nicht beeinflußt werden muß. Es steigt jedoch das Pro-Kopf-Einkommen, weil sich das erwirtschaftete Volkseinkommen auf weniger Personen verteilt. Bei gleichbleibender Konsumneigung würde es demnach zu einem entsprechenden Nachfrageausfall kommen. Die höhere Sparquote müßte, um wachstumsneutral zu bleiben, für zusätzliche Investitionen eingesetzt werden.

Es stellt sich die Frage, ob

– die Konsumgüternachfrage insgesamt sinkt oder aber nur unterproportional steigt, wenn rückläufige Kinderzahlen zu einer Erhöhung der Pro-Kopf-Einkommen führen und, wenn dies der Fall ist, ob

— die Investitionsneigung in einer solchen Situation beeinträchtigt wird.

Das Volumen der Konsumnachfrage einer Bevölkerung unterliegt ständigen Verschiebungen dadurch, daß bisherige Konsumenten durch Tod ausscheiden, während neue Verbraucher durch Geburt hinzukommen. Um die Nachfrage konstant zu halten, müssen, vereinfacht ausgedrückt, die Ausfälle durch Tod durch die Mehrnachfrage der Neugeborenen ausgeglichen werden. Ob dies im privaten Bereich allein möglich ist, erscheint zweifelhaft. Entscheidend ist dafür die Einkommenssituation der jungen Familien nach der Geburt von Kindern. Mit einem Mehrkonsum ist nur dann zu rechnen, wenn

— sich das Familieneinkommen nicht dadurch reduziert, daß beispielsweise die Mutter ihre bisherige Erwerbstätigkeit aufgibt oder einschränkt, und

— vorher gespart wurde und/oder

— im Wege der Umverteilung (Kindergeld, Steuererleichterung, Wohngeld) das verfügbare Einkommen wächst.

Von der niedrigen Kinderzahl profitieren unmittelbar und in erster Linie die jungen Ehepaare, und zwar um so stärker, je weniger Kinder sie haben. Dieser Personenkreis hat aber erfahrungsgemäß eine hohe Konsumneigung, da Wohnungen einzurichten sind und bei Erwerbstätigkeit beider Ehepartner besonders viele außerhäusliche Dienstleistungen in Anspruch genommen werden. Hinzu kommen hohe Ansprüche an Freizeitgestaltung und Urlaub.

Aus der Umfrage zu den Motiven für die niedrige Kinderzahl wird deutlich, daß weniger Kinder bei jungen Ehepaaren kaum zu einem überproportionalen Ansteigen des Sparens führen. Unter den angeführten Gründen nehmen finanzielle Erwägungen regelmäßig einen vorderen Platz ein, dies jedoch sicher nicht, weil bei mehr Kindern weniger gespart werden kann, sondern vielmehr, weil dann der persönliche Verbrauch eingeschränkt werden muß.[28]

Im übrigen verleitet die Argumentation mit den steigenden Pro-Kopf-Einkommen zu Fehlschlüssen. Schwankungen in der Fruchtbarkeit ändern zumindest auf mittlere Sicht nur die Einkommensverhältnisse der potentiellen Eltern, während die übrigen Personenkreise davon unberührt bleiben. Genauer gesagt, Änderungen ergeben sich nur durch die Geburt von Kindern, während unterlassene Geburten die Einkommen unverändert lassen. Folglich ist der Schluß erlaubt, daß sich der Konsum der jungen Paare generell nicht ändert, wenn sie auf – weitere – Kinder verzichten. Ob sich mit zunehmendem Alter dennoch die Sparneigung erhöht, weil eine gewisse Bedarfssättigung eingetreten ist, läßt sich nach den bisherigen Erfahrungen noch nicht sagen.

Ein weiterer Grund für erhöhtes Sparen bei weniger Kindern, nämlich die Alterssicherung, ist bei uns dank der ausgebauten staatlichen Altersvorsorge längst nicht mehr relevant. Entsprechend stellt sich auch keinesfalls die Alternative: Alterssicherung durch Kinder oder durch eigene finanzielle Rücklagen.

Schließlich ist zu bedenken, daß die Erhöhung der Pro-Kopf-Einkommen infolge schrumpfender Bevölkerungszahlen bei realistischen Annahmen vorerst kaum über 0,5 Prozent hinausgehen dürfte. Mit dieser Größenordnung ergibt sich nur ein Bruchteil der wachstumsbedingten Einkommenserhöhungen. Hierbei würde niemand auf die Idee kommen, negative Auswirkungen auf die Nachfrage zu vermuten.

Falls dennoch infolge zu niedriger Fruchtbarkeit der Mehrkonsum, der durch die neugeborenen Kinder induziert wird, insgesamt nicht den Konsumausfall durch die Todesfälle kompensiert, kommt es tatsächlich zu einer Nachfragelücke, indem im privaten Bereich mehr gespart wird. Hier müßte entsprechend über erhöhte Staatsausgaben oder private Investitionen ein Ausgleich geschaffen werden.

Ob es in einer solchen Situation zu ausreichenden privaten Investitionen kommt, wird von den Vertretern der Stagnationstheorie bezweifelt.[29] In der Theorie von Keynes spielt das Bevölkerungswachstum als Ursache für Investitionen eine große Rolle, da seiner Meinung nach ein erheblicher Teil der Investitionen in einer wachsenden Bevölkerung für die Befriedigung der zusätzlichen Bedürfnisse verwendet wird. Demgegenüber reichen in wohlhabenden Ländern, bei denen Keynes mit stagnierender oder rückläufiger Bevölkerung rechnet, die Investitionen aus zwei Gründen nicht aus.

— Mit steigendem Einkommen wird ein kleinerer Teil des Gesamteinkommens verbraucht und entsprechend mehr gespart.

— Mit wachsendem Kapitalstock wird es immer schwerer, günstige Investitionsmöglichkeiten zu finden.

Auf diesen Überlegungen basiert die Stagnationstheorie, die besagt, daß bei fehlendem Bevölkerungswachstum auch die Investitionsanreize immer geringer werden; Einkommen und Beschäftigung nehmen ab oder wachsen zumindest langsamer, was zu einem weiteren Rückgang der Investitionen führt.

Die Stagnationstheorie wurde vielfach kritisiert. Vor allem wurde auf die gegenteilige Entwicklung der Industrieländer hingewiesen.[30] In der Tat erlebten die Industrieländer in der Nachkriegszeit einen nahezu ununterbrochenen Wirtschaftsaufschwung, der allerdings auch begleitet war von einem kräftigen Bevölkerungswachstum.

In den letzten Jahren zeigen sich jedoch Wachstumsprobleme, und auch die Bevölkerungszahlen stagnieren oder steigen zumindest wesentlich langsamer an. Insofern könnte die Stagnationstheorie neue Aktualität gewinnen. Allerdings hielten weder Keynes noch Hansen, der die Keynes'schen Gedanken weiter entwickelte, die wirtschaftliche Stagnation für unabwendbar. Sie plädierten vielmehr dafür, die fehlenden Wachstumsimpulse bei stagnierender Bevölkerungszahl durch fiskalische Maßnahmen zu kompensieren. Dies ist die Aufgabe des Staates, der hierfür zumindest die eingesparten Transferleistungen einsetzen kann, die er sonst den Eltern für den Unterhalt der Kinder hätte zahlen müssen. Weitere Einsparungen ergeben sich bei den Leistungen im Bildungssektor, die der Staat unentgeltlich für Kinder bereitstellt. Einen Mangel an ausreichenden sinnvollen staatlichen Investitionsobjekten gibt es nicht; dies beweist die öffentliche Diskussion um die Probleme des Umweltschutzes, der Energiesicherung, der Rohstoffwiedergewinnung oder der Entwicklung technologischer Innovationen.

Im übrigen hat sich auch die weltwirtschaftliche Situation gegenüber den dreißiger Jahren nachhaltig gewandelt. Die Handelsbeziehungen zwischen den Industrieländern sind intensiver geworden, so daß eventuelle Nachfrageausfälle im Inland durch erhöhten Export ausgeglichen werden können. Zusätzlich sind erhebliche Nachfragepotentiale in den erdölexportierenden Ländern – aber auch in den Entwicklungsländern – entstanden. Die weiter wachsende Weltbevölkerung und die Steigerung der Massenkaufkraft in den Entwicklungsländern dürfte also weltweit für eine ausreichende Nachfrage sorgen. Dies schließt konjunkturelle Schwankungen natürlich nicht aus.

Verändern wird sich jedoch die Nachfragestruktur. Die Verschiebungen sind nach allgemeiner Ansicht die gleichen, wie sie sich im Gefolge von Wirtschaftswachstum und Wohlstandssteigerung ergeben. „Im allgemeinen geht der Trend von einfachen zu höherwertigen Erzeugnissen, von Gütern des täglichen Verbrauchs zu langlebigen Gebrauchsgütern und damit zugleich zu solchen Produkten, die vergleichsweise kapital- und ausbildungsintensiv sind."[31] Konkret bedeutet dies, daß die private Nachfrage nach Gütern mit niedriger Einkommenselastizität, in erster Linie Grundnahrungsmittel, sowie nach Ausstattungsgütern für Kinder (Bekleidung, Möbel, Spielwaren) relativ zurückbleibt, während mehr ausgegeben wird für Waren und Dienstleistungen mit hoher Einkommenselastizität (Wohnungseinrichtungen, Autos, modische Kleidung). Auch der Freizeitsektor dürfte überproportional profitieren.

In welcher Weise sich bei steigenden Pro-Kopf-Einkommen die Ausgabenstruktur verändern könnte, zeigt ein Blick auf die preisbereinigten Ergebnisse der Wirtschaftsrechnungen von Vier-Personen-Arbeitnehmerhaushalten mit mittlerem Einkommen (Tabelle 28 im Anhang). Umgerechnet auf die Kaufkraft von 1970 betrug das verfügbare Realeinkommen 1968 1098 DM, 1976 1674 DM. Das entspricht einer durchschnittlichen jährlichen Zuwachsrate von 5,4 Prozent.

Bei den Verbrauchsgütern entfällt der größte Zuwachs auf die Waren und Dienstleistungen für Verkehrszwecke und Nachrichtenübermittlungen (von 8,3 auf 11,3 Prozent), wobei die Ausgaben für Kraftfahrzeuge den größten Posten darstellen. Überproportional gewachsen sind aber auch die Bereiche Bildung und Unterhaltung (von 5,9 auf 8,1 Prozent) und persönliche Ausstattung (von 2,2 auf 3,6 Prozent). Hier haben die Ausgaben für Urlaubsreisen den größten Zuwachs. Nur unterproportional sind dagegen die Ausgaben für Nahrungs- und Genußmittel sowie Kleidung und Schuhe gestiegen. Entsprechend reduziert sich der Anteil für beide Ausgabengruppen zusammen von 42,5 auf 33,0 Prozent. Auch wenn man berücksichtigt, daß die Nachfrage nach manchen Produkten mengenmäßig nicht mehr weiter zunimmt, das ist bei einigen Grundnahrungsmitteln schon seit einiger Zeit zu beobachten, so werden doch steigende Ansprüche an die Qualität weiterhin für eine Ausdehnung der Nachfrage sorgen.

Anhand der Modellrechnungen über die Bevölkerungsentwicklung lassen sich diese Ausgaben konkretisieren.

Unterstellt man gleichbleibende Fruchtbarkeit, wird sich die Zahl der jährlich Geborenen in den nächsten 15 Jahren etwa auf gleichem Niveau halten (vgl. Tabelle 19 im Anhang). Entbindungskliniken und ärztliche Dienste brauchen sich vorerst nicht um ihre Auslastung zu sorgen. Auch die Nachfrage nach Säuglingsnahrung und -ausstattung wird nicht zurückgehen. Die Ausgaben für Säuglinge werden vielmehr mit steigendem Einkommen und niedriger Kinderzahl je Familie weiter zunehmen. Die betroffenen Wirtschaftszweige erhalten eine Konsolidierungspause. Sie haben vorerst ihre Anpassungsprozesse hinter sich, die erforderlich wurden, als sich innerhalb der zehn Jahre, von 1965 bis 1975, die Zahl der Geborenen von 1 Million auf 600 000 verringerte. Erst zur Jahrhundertwende wird die Zahl der Säuglinge wieder deutlich rückläufig, es sei denn, es käme zwischenzeitlich zu einer Erhöhung der Fruchtbarkeit (vgl. Tabelle 21 im Anhang).

Während in den nächsten Jahren die Zahl der Säuglinge in etwa gleichbleibt, geht die Zahl der Kinder und Jugendlichen stark zurück. Bis 1990 sinkt die Kinderzahl von 12,7 Millionen auf 9,2 Millionen, also um 25 Prozent. Ein ähnlicher, wenn auch nicht so ausgeprägter Rückgang war bereits in den vergangenen Jahren zu verzeichnen, ohne daß er besonders vermerkt wurde.

Da grundsätzlich der Bedarf, den Kinder und Jugendliche haben, noch lange nicht gedeckt ist – Mode und Geschmackswechsel tragen das ihre dazu bei –, ist die absolute Nachfrage in diesem Bereich wohl weniger abhängig von der Zahl kleiner Konsumenten, als vielmehr von der Einkommenssituation der Eltern.

Noch stärker, um rund ein Drittel, sinkt die Zahl der Jugendlichen (15 bis 19 Jahre). Das entspricht einem jährlichen Rückgang von etwa 2 Prozent. Bei gleichbleibendem Einkommen würden hier mit Sicherheit Nachfrageausfälle eintreten. Unterstellt man jedoch, daß dieser Personenkreis an der allgemeinen Einkommensentwicklung teil hat, was zumindest bei den jugendlichen Erwerbstätigen anzunehmen ist, braucht mit einem absoluten Nachfragerückgang nicht gerechnet zu werden. Eine jährliche Zunahme der Nettorealeinkommen von 2 Prozent würde also die Ausfälle durch die sinkende Konsumentenzahl ausgleichen. Ähnliches gilt auch für die Jugendlichen, die noch zur Schule gehen. Sie profitieren vom steigenden Einkommen ihrer Eltern, die überdies im Vergleich zu früheren Elterngenerationen Geld für weniger Kinder auszugeben haben.

Die Gruppe der Erwachsenen zwischen 20 und 60 Jahren steigt, unabhängig von der Entwicklung der Fruchtbarkeit, in den nächsten Jahren vorübergehend an. Erst 1995 wird in etwa wieder das heutige Niveau erreicht sein. Da von dieser Personengruppe hauptsächlich das Volkseinkommen verdient wird und sie entsprechend über die Verwendung der verfügbaren Einkommen entscheidet, dürften vom größeren Konsumpotential her stabilisierende Effekte ausgehen.

Die Gruppe älterer Menschen über 60 Jahre schließlich steigt, ebenfalls unabhängig von der Entwicklung der Geburtenzahlen, von 12,2 Millionen (1976) auf 12,7 Millionen (2000) an, also um 4 Prozent. Die möglichen Effekte, die von der Veränderung der Personenzahl ausgehen, sind hier gering. Eventuelle Nachfrageveränderungen werden im wesentlichen aus Einkommensverbesserungen, das heißt Rentenerhöhungen, resultieren.

2.1.2 Branchenspezifische Aspekte

Wenn der Bevölkerungsrückgang den Strukturwandel der Wirtschaft besonders verstärkt, so sind davon vor allem all die Bereiche betroffen, die unmittelbar für die private Nachfrage produzieren. Die Auswirkungen sind um so gravierender, je weniger ein inländischer Nachfragerückgang durch einen verstärkten Export ausgeglichen werden kann. Von den Branchen, auf die dies besonders zuzutreffen scheint, seien hier nur zwei erwähnt, die Landwirtschaft und die Bauwirtschaft.

Mit rückläufiger Bevölkerungszahl wird mit Sicherheit auch die mengenmäßige Nachfrage nach Lebensmitteln zurückgehen. Eine gewisse Kompensation für den Ausfall bietet jedoch die Verlagerung auf qualitativ höherwertige Erzeugnisse. Der Anpassungsprozeß wird um so reibungsloser verlaufen, je rascher die Qualität der Produkte verbessert werden kann. Dadurch wird nicht nur die Erlössituation verbessert, es steigt auch die Konkurrenzfähigkeit gegenüber den Importprodukten. In letzter Zeit sind hier durchaus Fortschritte erzielt worden, so daß, unterstützt durch ein geschicktes Marketing, landwirtschaftliche Erzeugnisse aus deutschen Landen nicht nur auf dem heimischen Markt an Ansehen gewonnen haben.

Allerdings wird die Umstellung nicht ohne verstärkte Selektion und Konzentration vonstatten gehen. Benötigt wird in Zukunft immer weniger landwirtschaftliche Nutzfläche, in die sich eine abnehmende Zahl von Betrieben teilen, die nach neuesten agrarökonomischen und technologischen Erkenntnissen geführt werden müssen, um bestehen zu können. Auf jeden Fall ist damit zu rechnen, daß die Zahl der bäuerlichen Betriebe weiter sinkt und daß entsprechend auch die Zahl der Beschäftigten in der Landwirtschaft zurückgeht. Die Gefahr ist, daß diese zwangsläufige Entwicklung weder von den Betroffenen noch von den zuständigen Politikern akzeptiert wird und daß statt dessen immer mehr Subventionen zur Erhaltung der traditionellen Produktionsstruktur gefordert und zunächst auch gezahlt werden. Damit würden sich trotz steigender finanzieller Belastung des Staates Angebot und Nachfrage immer weiter auseinander bewegen. Eine solche Entwicklung kann auf Dauer sicher nicht durchgehalten werden.

Auch für die deutsche Wohnungswirtschaft scheinen die Aussichten nicht sehr günstig zu sein angesichts der scheinbar unvermeidlichen Konsequenz, daß mit sinkender Bevölkerungszahl immer weniger Wohnungen benötigt werden. Selbst wenn dies grundsätzlich zutrifft, ist doch eine differenziertere Betrachtung angebracht.

Zunächst einmal ist festzustellen, daß es bessere Determinanten der Wohnungsnachfrage gibt als die Bevölkerungszahl, nämlich

– die Zahl der Haushalte und
– die Höhe der verfügbaren Einkommen.

Die Zahl der Haushalte wird aller Voraussicht nach in den nächsten Jahren zunehmen, da dann die stark besetzten Geburtsjahrgänge der sechziger Jahre ins Heiratsalter kommen und entsprechend eine eigene Wohnung haben wollen. Selbst wenn die Bereitschaft zu heiraten sinkt, bleibt der Wunsch nach eigenen vier Wänden bestehen. Man kann sogar davon ausgehen, daß um so mehr Wohnungen benötigt werden, je weniger die jungen Leute heiraten.

Zwar werden dann in erster Linie kleinere Wohnungen gewünscht. Doch auch die Wohnungsfrage ist letztlich eine Frage des Einkommens.

Zwei weitere Gründe sprechen dafür, daß die Nachfrage nach Leistungen der Bauwirtschaft – weiterhin steigende Einkommen unterstellt – in absehbarer Zeit kaum zurückgeht, sondern eher noch zunimmt. Hierzu zählt einmal der Umstand, daß viele der Häuser und Wohnungen dringend modernisiert werden müßten. Dies gilt für die meisten Häuser der Vorkriegszeit, die zum Teil einen gewissen nostalgischen, wenn nicht gar kunsthistorischen Wert haben. Es gibt sicher auch zahlreiche Häuserblöcke der Nachkriegszeit, die man mit Rücksicht auf die Bewohner und den äußeren Eindruck der Städte am besten vollständig abreißen sollte.

Neben dem enormen Sanierungsbedarf besteht immer noch der bislang unbefriedigte Wunsch vieler Bundesbürger nach einem eigenen Haus. Hemmend hat sich hier, neben der Rezession der letzten Jahre, in erster Linie der Mangel an Bauland ausgewirkt. Dies ist vor allem eine Folge der kommunalen Zurückhaltung bei der Bebauungsplanung. Welche Ausmaße das Streben nach einem Eigenheim in einer wohlhabenden Gesellschaft haben kann, zeigt das Beispiel der Vereinigten Staaten. Eine andere Frage ist, ob eine derartige Entwicklung erwünscht ist. Soll sie verhindert werden und kommt es so dazu, daß vorhandene Nachfrage nicht befriedigt werden kann, darf man die Rückwirkungen auf die Bauwirtschaft natürlich nicht dem Bevölkerungsrückgang anlasten.

Auf lange Sicht könnten die Ausfälle als Folge der sinkenden Zahl der Haushalte zumindest teilweise dadurch kompensiert werden, daß breite Bevölkerungsschichten in den Besitz von Zweitwohnungen oder Landhäusern kommen. Auch hier geben die Vereinigten Staaten ein anschauliches Beispiel. Es ist jedenfalls nicht einzusehen, warum mit steigendem Einkommen nach dem zweiten Fernseher und dem Zweitwagen nicht auch eine zweite Wohnung angeschafft werden sollte. Die weiterhin wachsende Freizeit dürfte dazu führen, daß solche Möglichkeiten nicht nur angestrebt, sondern auch genutzt werden können.

Was schließlich die Verkehrsinfrastruktur, insbesondere den Straßenbau, betrifft, wird die Befürchtung geäußert, daß angesichts der rückläufigen Auslastung die Nachfrage nach weiteren Bauleistungen zurückgeht. Folgende Überlegungen sprechen eigentlich dagegen: Wenn die Wirtschaft weiter wächst, und dies nicht nur im Dienstleistungssektor, wird auch die Inanspruchnahme durch Gütertransporte weiter zunehmen.

Der Berufspendlerverkehr ist zwar von der Zahl der Erwerbstätigen abhängig, daneben aber auch von der Lage ihrer Wohnungen und Arbeitsplätze. Da die wichtigste Determinante des Pendelns die erforderliche Zeit für den Weg zur Arbeit ist, kann es durchaus sein, daß mit abnehmender Pendlerzahl die Neigung wächst, bei der Wohnungswahl hauptsächlich auf den Freizeitwert des Wohnortes und weniger auf die Nähe zum Arbeitsplatz zu achten. Die Folge wäre möglicherweise, daß die Fahrtstrecken wesentlich weniger zurückgehen würden als die Zahl der Pendler, so daß die Inanspruchnahme der Straßen nach wie vor hoch bleibt.

Eine zunehmende Pendelbereitschaft muß keineswegs zwangsläufig zu einer weiteren Entleerung der Innenstädte führen. Es ist denkbar, daß hiervon vielmehr die mehr oder minder sterilen Vororte, die reinen Schlafstädte, betroffen werden. Der Zug in das weitere Umland wäre möglich, in die umliegenden, historisch gewachsenen Orte.

Der private Autoverkehr schließlich hängt von verschiedenen Faktoren ab, von denen Freizeit und Einkommen die wichtigsten sein dürften. Wenn beide Größen wachsen, wird auch der private Verkehr zunehmen.

Die vorangegangenen Überlegungen sind sicher nicht vollständig. Es ist auch nicht auszuschließen, daß der eine oder andere Einflußfaktor nicht in der skizzierten Weise zum Tragen kommt. Es ging nur darum, zu begründen, weshalb der Bevölkerungsrückgang die Bauwirtschaft nicht zwangsläufig in Schwierigkeiten bringen muß.

2.1.3 Längerfristige Perspektiven

Die bisherigen Aussagen bezogen sich generell nur auf den mittelfristigen Zeitraum von etwa 1995 bis 2000. Ein Grund für diese Beschränkung liegt darin, daß bis dahin die Veränderung der Einwohnerzahl vergleichsweise geringfügig ist. Erst nach dem Jahr 2000 verstärkt sich bei den beiden unteren Varianten der Fruchtbarkeit der Schrumpfungsprozeß. Abbildung 12 läßt erkennen, wie sich bei einem angenommenen jährlichen Wachstum von 3 Prozent der demographisch bedingte Einkommenseffekt verstärkt. Je

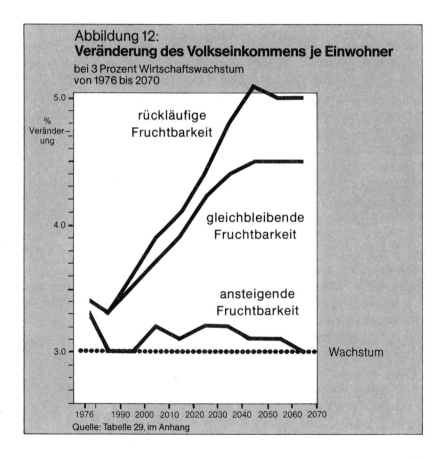

Abbildung 12:
Veränderung des Volkseinkommens je Einwohner
bei 3 Prozent Wirtschaftswachstum
von 1976 bis 2070

Quelle: Tabelle 29, im Anhang

weiter die Einkommenskurve von der 3 Prozent Wachstumslinie entfernt ist, desto stärker ist dieser Effekt. Je größer aber im Vergleich zu den normalen Einkommenszuwächsen die demographischen Auswirkungen sind, desto mehr kommen Imponderabilien ins Spiel.

Während bei konstanter Fruchtbarkeit der Bevölkerungsrückgang die Zuwächse der Pro-Kopf-Einkommen bis zum Jahre 2000 nur um etwa 0,4 Prozent erhöht, gewinnt danach der demographische Effekt zusehends an Gewicht. Er beträgt gegen Ende des Untersuchungszeitraumes mit 1,5 von 4,5 Prozentpunkten bereits ein Drittel des Gesamtzuwachses. In den beiden anderen Varianten wirkt sich der demographische Effekt entsprechend stärker (bei rückläufiger Fruchtbarkeit) beziehungsweise schwächer (bei ansteigender Fruchtbarkeit) aus.

Ein anderer entscheidender Grund ist, daß bis in die neunziger Jahre voraussichtlich vom Arbeitsmarkt her keine Beschränkungen auftreten. Unter Status-quo-Bedingungen, das heißt bei Annahme einer unveränderten Erwerbsbeteiligung, steigt die Zahl der Erwerbspersonen trotz rückläufiger Bevölkerungszahl bis etwa 1990 an, um dann, als Folge der schrumpfenden Bevölkerungszahl, immer rascher zurückzugehen. Tabelle 30 (im Anhang) zeigt die Entwicklung der Erwerbspersonenzahlen bei den drei Fruchtbarkeitsannahmen. In allen drei Varianten – die unterschiedlichen Fruchtbarkeitsannahmen wirken sich noch nicht aus – wird 1995 in etwa die Erwerbspersonenzahl der Gegenwart vorhanden sein. Wenn es gelingt, in den nächsten Jahren durch Schaffung zusätzlicher Arbeitsplätze Vollbeschäftigung zu erreichen, könnte von Beginn der neunziger Jahre an ein Arbeitskräftemangel eintreten.

Ein weiteres Wachstum wäre dann nur durch die Aktivierung zusätzlicher Arbeitsmarktreserven (gesteigerte Frauenerwerbstätigkeit, Reaktivierung oder längere Beschäftigung älterer Personen) oder aber im Rahmen der erreichbaren Erhöhung der Arbeitsproduktivität (je Beschäftigten) möglich. Aus Abbildung 13 ist zu sehen, welches gesamtwirtschaftliche Wachstum bei gegebener Er-

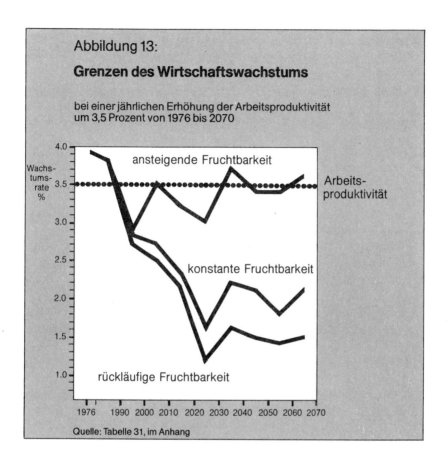

werbspersonenzahl und einer jährlichen Zunahme der Arbeitsproduktivität von 3,5 Prozent realisierbar ist.

Über die Höhe möglicher zukünftiger Produktivitätsfortschritte lassen sich nur Vermutungen anstellen. Zum Vergleich: Von 1958 bis 1967 wuchs das Inlandsprodukt jährlich um 5,6 Prozent bei einer Erhöhung der Arbeitsproduktivität um 4,8 Prozent. Im Schnitt der Jahre 1967 bis 1975 betrugen die Raten 3,7 beziehungsweise 4,0 Prozent. Ob derartig hohe Produktivitätsraten angesichts des zu erwartenden Strukturwandels der deutschen Wirtschaft auf lange Sicht möglich sind, erscheint fraglich. Um im zunehmenden internationalen Wettbewerb bestehen zu können, wird sich die Bundesrepublik nach Meinung von Wolfgang Klauder[32] auf die Bereiche konzentrieren müssen, „die das hier mögliche Mehr an qualifizierten Arbeitskräften nutzen, Branchen also, die hochwertige Spezialerzeugnisse und technisches Know how anbieten, die Fabrikationsanlagen erstellen, technisch beraten, deren Produktionsprozesse technologisch kompliziert sind, die eine enge Verbindung zwischen Produktion und Forschung erfordern usw." Da hochqualifizierte Arbeitskräfte in den Entwicklungsländern noch auf lange Zeit knapp sein dürften, ist in den genannten Bereichen die Konkurrenz geringer. Die Entwicklung der Bundesrepublik zu einer „forschungs- und entwicklungsintensiveren Wirtschaft mit hohem Dienstleistungsanteil", die relativ arbeitsintensiv ist, deutet aus heutiger Sicht aber auf eine Verringerung der Zuwachsraten der Produktivität. Auch durch die zu erwartende Ausdehnung des Dienstleistungssektors ist eher auf ein abnehmendes Tempo des Produktivitätsfortschritts zu schließen. Andererseits könnten neue Fertigungstechnologien, wie etwa der Einsatz von Mikroprozessoren, in weiten Bereichen neue Produktivitätsreserven erschließen. Auch eine langsamere Reduzierung der jährlichen Arbeitszeit – in der Vergangenheit waren es im Schnitt etwa 0,8 Prozent – würde zu einer entsprechenden Erhöhung der Arbeitsproduktivität führen.

Um trotz dieser Unsicherheiten einen Eindruck vom Wachstumsspielraum zu erhalten, wurde als – vorsichtige – Annahme eine jährliche Steigerung der Arbeitsproduktivität von 3,5 Prozent gemacht. Abbildung 13 zeigt, welches gesamtwirtschaftliche Wachstum bei gegebener Erwerbspersonenzahl dann erreichbar ist. Dabei mußten eigentlich bis 1990 höhere Wachstumsraten erreicht werden, um schon vorher zu Vollbeschäftigung zu kommen.

Bei einer jährlichen Steigerung der Arbeitsproduktivität um 3,5 Prozent wäre ab 1990 regelmäßig nur ein Wachstum von unter 3 Prozent möglich. Der niedrigste Wert ergibt sich für den Zeitraum von 2020 bis 2030 mit 1,6 Prozent. In dieser Dekade sinkt die Zahl der Erwerbspersonen am stärksten. Entsprechend müßten die Zuwächse der Arbeitsproduktivität im angegebenen Zeitraum über 3,5 Prozent steigen, um ein Wachstum von 3 Prozent realisieren zu können (vgl. Tabelle 31 im Anhang). Hier gilt der höchste Wert mit 4,9 Prozent ebenfalls für die Zeit von 2020 bis 2030.

Sollte die Arbeitsproduktivität um weniger als 3,5 Prozent gesteigert werden können, reduzieren sich angesichts der rückläufigen Bevölkerungszahlen die möglichen Wachstumsraten des Inlandprodukts noch mehr als in Tabelle 31 berechnet. Entsprechend sinken auch die Zuwächse des Volkseinkommens, das ohnehin im Vergleich zum Bruttoinlandsprodukt nur leicht unterproportional wächst.

Nun könnte man sich auf den Standpunkt stellen, daß bei schrumpfender Bevölkerung geringere gesamtwirtschaftliche Wachstumsraten ausreichen, unter Umständen sogar das vielzitierte Null-Wachstum, um dennoch eine ständige Verbesserung des Lebensstandards zu ermöglichen. Dies trifft zwar für die Versorgung der Bevölkerung zu. Ob es aber ausreicht, um ein dauerhaftes Wirtschaftswachstum zu gewährleisten, scheint fraglich. Zumindest nach den heutigen Einsichten und Steuerungsmöglichkeiten des Wirtschaftsablaufes vollzieht sich das Wachstum nicht gleichmäßig steigend, sondern wellenförmig. Je niedriger aber nun die durchschnittliche Wachstumsrate ist, desto größer ist die Gefahr wiederholt auftretender negativer Raten. Das psychologische Klima dürfte hiervon nicht unberührt bleiben. Bei pessimistischen Zukunftserwartungen werden aber sicher nicht alle Investitionschancen, die objektiv gegeben sind, genutzt. So können die Wachstumsraten niedriger als gewünscht ausfallen.

Ob tatsächlich ein durchschnittliches Wirtschaftswachstum von 3 Prozent bei entsprechend hohen Steigerungen der Arbeitsproduktivität zu realisieren ist, muß noch aus einem anderen Grund bezweifelt werden. Wenn sich die Zahl der Arbeitskräfte jährlich um etwa 1,5 Prozent verringert, dürften in Wirtschaftszweigen mit geringen Rationalisierungsmöglichkeiten, also in erster Linie im Dienstleistungsbereich, Engpässe durch Personalmangel auftreten. Wenn es nicht gelingt, Arbeitskräfte aus anderen Bereichen zu gewinnen, bleibt entsprechend auch die gesamtwirtschaftliche Produktion zurück.

Kapitalintensive Bereiche jedoch, wie die verarbeitende Industrie, mit hohen Rationalisierungsmöglichkeiten verkraften die demographisch bedingte Verringerung des Personalbestandes vergleichsweise leicht. Sie müßten darüber hinaus aber noch weitere Arbeitskräfte freisetzen beziehungsweise auf Neueinstellungen verzichten, damit diese anderweitig entstehende Lücken schließen können.

Objektiv gesehen könnte der Bevölkerungsrückgang allerdings auch einen positiven wachstumsfördernden Effekt haben. Bei optimistischen Zukunftserwartungen müßten die Unternehmer nämlich zum Ausgleich der rückläufigen Arbeitskräftezahlen verstärkt arbeitsparende, kapitalintensive Investitionen durchführen. Das würde ein eventuelles Ansteigen der Sparquote kompensieren.

Ein Nebeneffekt des Bevölkerungsrückganges, der allerdings erhebliche ordnungspolitische Bedeutung gewinnen kann, ist die möglicherweise zunehmende Unternehmenskonzentration. Die erforderlichen Anpassungsprozesse, zum Beispiel die Entwicklung neuer Produkte und Technologien, die Erschließung ausländischer Märkte oder die Kompensation rückläufiger Arbeitskräftezahlen dürften generell den großen Unternehmen besser gelingen als kleinen oder mittleren Einheiten. Ob dazu die Größenordnungen der multinationalen Unternehmen nötig sind, erscheint zweifelhaft. Zum einen ist nicht auszuschließen, daß diese bei inländischen Schwierigkeiten den Weg des geringeren Widerstandes wählen und gefährdete Aktivitäten ins Ausland verlegen. Zum anderen gibt es auch immer wieder Beispiele dafür, daß gerade kleinere Unternehmen flexibler auf Marktänderungen reagieren können als ihre großen Konkurrenten.

Doch selbst wenn die Anpassungsprobleme zunächst von Großunternehmen besser gemeistert werden sollten, wäre es kurzsichtig, die daraus resultierenden Konzentrationsbestrebungen durch den Staat zu unterstützen. Dadurch würde auf längere Sicht nicht nur der Wettbewerb beeinträchtigt, es bestünde auch die Gefahr, daß nicht das gesamte unternehmerische Potential einer Volkswirtschaft genutzt wird. Das Wirtschaftswachstum wird nicht allein von einigen wenigen Spitzenmanagern getragen, und seien sie noch so qualifiziert, sondern von der innovatorischen Leistung möglichst vieler unternehmender, risikofreudiger Menschen.

Faßt man die bisherigen Überlegungen zusammen, bleibt als Resultat, daß der Bevölkerungsrückgang weder von der Nachfrage noch von den Produktionsmöglichkeiten her zwangsläufig das Wirtschaftswachstum nachteilig beeinflußt. Dabei sind die Aussichten für die nächsten 20 Jahre günstiger als die längerfristigen. Grundsätzlich erscheinen die von den demographischen Veränderungen ausgehenden Einflüsse durchaus kontrollierbar, auch wenn sie die Wirtschaftsstruktur zusätzlich verändern. Veränderungen der Wirtschaftsstruktur sind jedoch auch charakteristisch für das Wirtschaftswachstum; sie sind nichts grundlegend Neues.

Schwierigkeiten dürften hauptsächlich dann auftreten, wenn sich das psychologische Klima verschlechtert. Ein gewisser Zukunftspessimismus ist bei anhaltendem und entsprechend spürbarem Schrumpfen der Bevölkerungszahl nicht auszuschließen. Er könnte nicht nur die Konsumneigung, sondern auch die Investitionsbereitschaft lähmen. Unter solchen Umständen würden auch die Investitionen von Ausländern im Inland beeinträchtigt, während sich gleichzeitig deutsche Investoren verstärkt im Ausland orientieren.

Ob und wie sich letztlich das Wirtschaftsklima verändert, läßt sich logisch nicht deduzieren. Analogieschlüsse auf vergleichbare Situationen sind ebenfalls nicht möglich, es gibt hierfür in der Neuzeit keine historische Parallele.

2.2 Arbeitsmarkt

2.2.1 Quantitative Entwicklung

Einige Probleme des Arbeitsmarktes wurden, weil sie unmittelbar das Wirtschaftswachstum betrafen, bereits im vorigen Abschnitt behandelt. Hier sollen der Vollständigkeit halber die bisher möglichen Einsichten und Erkenntnisse noch einmal zusammengestellt werden.

Tabelle 30 zeigt die Veränderung der Erwerbspersonenzahlen unter den verschiedenen Annahmen über die Fruchtbarkeit. Unterstellt wurde in allen drei Fällen, daß die bis 1978 fortgeschriebenen altersspezifischen Erwerbsquoten des Basisjahres für den gesamten Untersuchungszeitraum konstant bleiben. Unabhängig von trendmäßigen, langfristig wirksamen Veränderungen in der Erwerbsbeteiligung, in erster Linie bedingt durch eine Verlängerung der schulischen Ausbildung bei den jungen Leuten und die Vorverlegung des Rentenalters bei den älteren Jahrgängen, lassen besonders die Arbeitsmarkt-Konstellationen Abweichungen von den projektierten Erwerbspersonenzahlen erwarten. Gemeint sind hier nicht die kurzfristigen konjunkturellen Schwankungen, die sich im Durchschnitt ausgleichen können, sondern die demographisch bedingten Veränderungen in der Zahl der – potentiellen – Arbeitskräfte.

Für die Bundesrepublik ergibt sich grundsätzlich folgende Situation: Bis etwa 1990 steigt die Zahl der Personen im erwerbsfähigen Alter. Danach verringert sich deren Zahl kontinuierlich. Diese charakteristische Entwicklung dürfte mit ziemlicher Sicherheit eintreffen. Hierfür sprechen folgende Überlegungen:

— Alle Personen, die etwa bis 1995 auf dem Arbeitsmarkt auftreten können, sind bereits geboren. Annahmen über den weiteren Verlauf der Fruchtbarkeit sind insoweit also irrelevant. Sieht man von Störungen durch Wanderungen (wie auch unerwartet starke Rückwanderungen ausländischer Arbeitnehmer) oder außerordentliche Veränderungen in der Sterblichkeit ab, liegt bereits jetzt die Zahl der potentiellen Arbeitskräfte bis 1995 fest.

- Bei allen drei Fruchtbarkeitsannahmen sinkt für den Rest des Untersuchungszeitraumes die Zahl der projektierten Erwerbspersonen, wenn auch in unterschiedlichem Ausmaß. Da, wie bereits erwähnt, mit einer Erhöhung der Nettoreproduktionsrate über 1 nicht zu rechnen ist, erscheint der Rückgang unabwendbar.

Im einzelnen ergeben sich bei den drei Fruchtbarkeitsvarianten folgende Veränderungen im Arbeitsmarktangebot:

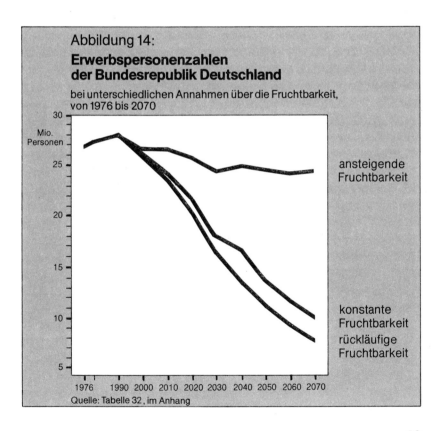

Abbildung 14: Erwerbspersonenzahlen der Bundesrepublik Deutschland bei unterschiedlichen Annahmen über die Fruchtbarkeit, von 1976 bis 2070
Quelle: Tabelle 32, im Anhang

- Bis 1990 steigt die Zahl der Erwerbspersonen von 26,7 auf 28 Millionen an. Danach erfolgt – je nach Annahme über die Fruchtbarkeit – ein unterschiedlich ausgeprägter Rückgang.

- Bei konstanter Fruchtbarkeit gibt es im Jahre 2000 noch 26 Millionen Erwerbspersonen, bei einem weiteren Rückgang noch 25,9 Millionen, bei einem Wiederanstieg noch 26,4 Millionen.

- Bis zum Jahre 2070 reduziert sich die Zahl der Erwerbspersonen bei konstanter Fruchtbarkeit auf 10 Millionen, bei rückläufiger auf 7,6 Millionen. Bei ansteigender Fruchtbarkeit gäbe es dann noch 24,4 Millionen. Bemerkenswert ist, daß sich in der dritten Variante die Zahl der Erwerbspersonen zwischen 24 und 25 Millionen stabilisiert.

Die Erwerbsquote, der Anteil der Erwerbspersonen an der Gesamtbevölkerung, steigt in allen drei Varianten zunächst an (vgl. Abbildung 15).

Am ausgeprägtesten ist der Zuwachs bei rückläufiger Fruchtbarkeit, weil dort die Kinderzahl am niedrigsten ist. Hier wächst die Erwerbsbeteiligung von 43,5 auf 48,4 Prozent im Jahre 1990. Auf mittlere Sicht ist folglich der Anteil der Erwerbsbevölkerung bei rückläufiger Fruchtbarkeit am höchsten. Am ungünstigsten ist die Relation bei ansteigender Fruchtbarkeit.

Die anfänglich hohe Erwerbsquote verkehrt sich jedoch auf lange Sicht ins Gegenteil, denn die zurückgehende Kinderzahl bedeutet auch, daß später entsprechend weniger jugendliche Berufsanfänger auf den Arbeitsmarkt kommen, während die älteren Jahrgänge, also auch die der Rentner, regelmäßig stärker besetzt sind. Langfristig die höchste Erwerbsquote ergibt sich, wenn die Fruchtbarkeit wieder auf das Reproduktionsniveau ansteigt.[33] Unter dem Aspekt eines möglichst günstigen Verhältnisses von aktiver zu nichtaktiver Bevölkerung sind also niedrige Kinderzahlen nur für eine vorübergehende, relativ kurze Zeit von Vorteil.

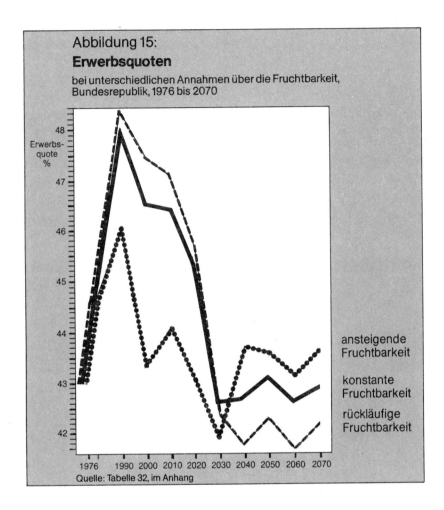

Angesichts der charakteristischen Entwicklung im potentiellen Arbeitsangebot stellt sich für die deutsche Wirtschaft die Notwendigkeit, die Zahl der Arbeitsplätze um mindestens 1 Million zu erhöhen, wobei damit lediglich der Neuzugang an Arbeitsuchenden beschäftigt werden könnte. Da die Zahl jugendlicher Schulabgänger stark zunimmt, gilt es, zunächst einmal mehr Ausbildungsplätze zu schaffen, um den Berufsanfängern eine solide fachliche Basis zu vermitteln.

Unterstellt man, daß der Anteil der Auszubildenden an den Personen der betreffenden Jahrgänge in Zukunft konstant bleibt, ergeben sich die in Tabelle 33 (im Anhang) zusammengestellten Zahlen von Auszubildenden. Dabei ist zu berücksichtigen, daß die Zahl der Ausbildungsplätze generell um mindestens 10 Prozent höher sein muß, damit alle Ausbildungswilligen unter Berücksichtigung der regionalen Verteilung einigermaßen adäquat, ihren Vorstellungen entsprechend, untergebracht werden können.

Bis 1982 würde demnach die Zahl der Auszubildenden von 1,6 Millionen (1976) auf über 1,8 Millionen ansteigen. Danach folgt ein ausgeprägter Rückgang, der ab 1995 je nach Fruchtbarkeitsentwicklung mehr oder minder deutlich ausfällt.

Die Zahl der Auszubildenden dürfte in den nächsten Jahren über das angegebene Maß noch hinausgehen, da sich in jüngster Zeit angesichts der vermeintlich schlechten Aussichten von Akademikern immer mehr Abiturienten zu einer beruflichen Ausbildung entschließen. Außerdem werden die Bemühungen verstärkt, möglichst allen Schulabgängern eine Ausbildung zu vermitteln.

Damit steht die deutsche Wirtschaft vor der Aufgabe, kurzfristig teure Ausbildungsplätze einzurichten, obwohl bereits abzusehen ist, daß ein wachsender Teil dieser Plätze bald nicht mehr benötigt wird. Natürlich liegt es im Interesse der Unternehmen, auch in den nächsten Jahren den jugendlichen Arbeitsuchenden die bestmögliche berufliche Qualifikation zu vermitteln. Dadurch werden die Voraussetzungen geschaffen, um durch Produktivitätssteigerungen den späteren Rückgang in der Zahl der Erwerbspersonen zumindest teilweise aufzufangen.

Möglichkeiten zur Erhöhung der Erwerbsbeteiligung bestehen im wesentlichen bei zwei Personengruppen, den Frauen mittleren Alters und den älteren Leuten.

Bei den Frauen ist damit zu rechnen, daß sich der seit Jahren anhaltende Trend steigender Erwerbsbeteiligung weiter fortsetzt. Dies ist nicht zuletzt eine Folge – möglicherweise sogar die Ursache – der niedrigen Kinderzahl. Wenn die Geborenenzahl weiter sinkt, werden immer mehr Frauen weniger durch Haushaltspflichten beansprucht und sind daher verstärkt bereit, ihren früheren Beruf wieder aufzunehmen oder während ihrer Ehe ihre Erwerbstätigkeit erst gar nicht aufzugeben. Hinzu kommt, daß es wegen der sinkenden Kinderzahl immer leichter wird, Plätze in Kinderhorten und Kindergärten zu bekommen, und Kinder nicht mehr den ganzen Tag zu Hause beaufsichtigt werden müssen.

Die Bereitschaft vieler Frauen zur Erwerbstätigkeit könnte schließlich durch die Einrichtung weiterer Teilzeitarbeitsplätze oder durch eine flexiblere Arbeitszeitgestaltung erleichtert werden.

Eine Erhöhung der Erwerbsbeteiligung bei den älteren Leuten mag auf den ersten Blick als ein Abbau sozialer Errungenschaften erscheinen, galt es doch bisher als erstrebenswertes Ziel, daß alle Menschen von einem Alter an, in dem normalerweise die physischen Kräfte abnehmen, nicht mehr arbeiten müssen, um ihren Lebensunterhalt zu verdienen. Statt dessen sollen sie in wirtschaftlicher Sicherheit den wohlverdienten Lebensabend nach eigenem Ermessen gestalten können.

Dies Ziel war und ist so lange gerechtfertigt, als die Arbeit in erster Linie als Zwang empfunden wird. Dies ist aber keinesfalls bei allen Menschen so. Mit der Verbesserung der Arbeitsbedingungen wächst die Einsicht, daß die tägliche Arbeit nicht nur gesellschaftliche Kontakte verschafft, sondern auch ein konstruktiver Beitrag zum allgemeinen Wohlergehen ist. Wenn die Arbeit überdies den menschlichen Fähigkeiten entspricht, fördert sie die Zufriedenheit und ist nicht nur wesentlicher, sondern auch sinnvoller Bestandteil des Lebens.

Sicher sind zur Zeit noch viele Arbeitsplätze weit von diesem Ideal entfernt. Wenn die Arbeit als sinnvoller Bestandteil der menschlichen Existenz empfunden wird, ist nicht einzusehen, weshalb das nur bis zu einem bestimmten Lebensalter gelten soll. Wichtig ist, durch entsprechend gestaltete Arbeitsplätze den jeweiligen Fähigkeiten alter Menschen entgegenzukommen. Nachlassende Körperkräfte müssen kein Problem sein. Hinzu kommt, daß sich dank der medizinischen Fortschritte auch der Gesundheitszustand und die körperliche Konstitution alter Menschen verbessern werden.

Die wachsende Integration alter Leute ins Arbeitsleben würde nicht nur zusätzliche Arbeitsmarktreserven erschließen, sondern auch dem Phänomen entgegenwirken, das Franz Xaver Kaufmann als soziale Altersproblematik bezeichnet. Sie besteht darin, „daß in der modernen Gesellschaft dem Alter als solchem kein ihm zukommender Platz vorgegeben ist, daß dem Alter als Lebensstand keine genügende soziale Funktion und keine genügende Sinndeutung eignet...."[34] Wenn mit steigendem Lebensstandard die materielle Unsicherheit verringert wird, tritt das Gefühl der Vereinsamung, der Langeweile und des sich Überflüssigvorkommens besonders hervor.

Hier kann nicht auf die Vielschichtigkeit dieses Problems eingegangen werden[35], für dessen Lösung es keine Patentrezepte gibt. Die weitgehende Integration der alten Menschen in das Arbeitsleben würde ihnen jedoch das Gefühl vermitteln können, noch gebraucht zu werden, vor allem wenn nur mit ihrer Hilfe Lücken auf dem Arbeitsmarkt zu schließen sind.

Die dritte Möglichkeit zur Nutzung neuer Arbeitsmarktreserven besteht in der langsameren Verringerung der wöchentlichen oder jährlichen Arbeitszeit. Nach Angaben des Ifo-Instituts hat sich seit 1960 die durchschnittliche jährliche Arbeitszeit um etwa 0,8 Prozent verringert. Würde sich dieser Trend fortsetzen, betrüge die jährliche Arbeitszeit in 50 Jahren nur noch zwei Drittel des heutigen Standes. So angenehm solche Aussichten unter den gegenwärtigen Umständen sein mögen, so ist doch die Frage, ob die Arbeitszeitverkürzung auch dann in gleichem Maße weitergehen muß, wenn dadurch die weitere wirtschaftliche Entwicklung gefährdet wäre. Eine geringere Reduzierung der Arbeitszeit würde aber eine entsprechende Erhöhung der Arbeitsproduktivität (je Erwerbstätigen) bewirken und die Verringerung der Arbeitskräftezahl zumindest teilweise kompensieren.

Ob und inwieweit es schließlich gelingt, krankheitsbedingte Ausfallzeiten zu reduzieren, läßt sich nicht sagen. Möglich erscheint, daß sich als Folge medizinischer Fortschritte und der Verbesserung der Arbeitsbedingungen die Krankenzeiten verringern und vorzeitige Invalidität seltener wird.

Alles in allem ist der Schluß berechtigt, daß die Wirtschaft zwar rein zahlenmäßig vor gewisse Anpassungsprobleme gestellt wird, wenn im Zuge des Bevölkerungsrückganges das Arbeitskräftepotential schrumpft. Dennoch erscheint weiteres, vielleicht etwas reduziertes Wachstum durchaus möglich. Es fragt sich nur, ob dies auch gilt, wenn man die Qualität des Erwerbspotentials berücksichtigt.

2.2.2 Qualitative Veränderungen

Das Erwerbspotential kann sich im Zuge des Bevölkerungsrückganges qualitativ vermindern, da sich die Altersstruktur nachhaltig verschiebt. Es schrumpfen ja nicht alle Altersklassen gleichmäßig, sondern es gibt eine jährlich kleiner werdende Zahl von Berufsanfängern. Entsprechend erhöht sich der Anteil älterer Arbeitskräfte und das Durchschnittsalter steigt (vgl. Abbildung 16).

Bis zum Jahre 2000 geht – bei konstanter Fruchtbarkeit und unter Annahme gleichbleibender altersspezifischer Erwerbsbeteiligung – der Anteil jüngerer Arbeitskräfte (bis 25 Jahre) von 20,6 auf 13,4 Prozent stark zurück, steigt jedoch in den Folgejahren bis auf 14,1 Prozent wieder leicht an. Der Anteil der Erwerbspersonen zwischen 25 und 45 Jahren erhöht sich zunächst von 48,2 auf 49,6 Prozent im Jahre 2000. Anschließend sinkt er auf 42,2 Prozent ab. Eindeutig zunehmende Tendenz hat die Gruppe der 45- bis 60jährigen, deren Prozentsätze von 26 auf 36,3 Prozent steigen. Auch der Anteil der Arbeitskräfte über 60 Jahre nimmt bis zum Jahre 2030 zu.

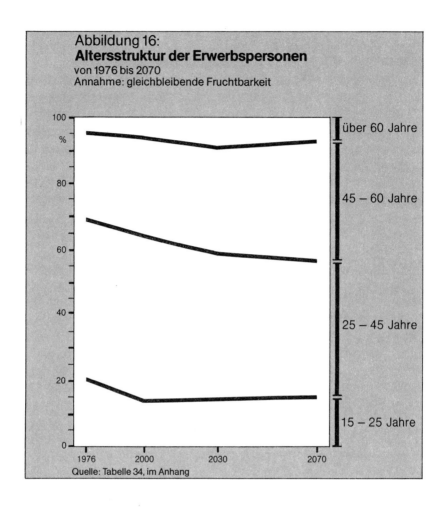

Das Altern der Erwerbsbevölkerung zeigt sich auch im Durchschnittsalter. Das steigt von derzeit 37,4 Jahre auf 41,2 Jahre in 2030. Die Zunahme des Durchschnittsalters der Erwerbsbevölkerung ist mit knapp 4 Jahren aber nur halb so hoch wie die Zunahme des Durchschnittsalters der Gesamtbevölkerung. Der Grund ist, daß sich die Erwerbsbevölkerung im wesentlichen aus den 20- bis 60jährigen rekrutiert. Bei diesem Personenkreis wirken sich die Verschiebungen in der Altersstruktur nicht so stark aus.

Das Altern der Erwerbsbevölkerung kann zwei mögliche Konsequenzen haben:[36] Die Leistungsfähigkeit sinkt und die strukturelle Anpassungsfähigkeit verringert sich. Ob und inwieweit diese Folgen tatsächlich eintreten, hängt von der Entwicklung der Wirtschaft und der Arbeitsplatzstruktur ab. Da jüngere Leute ihren älteren Kollegen keinesfalls in allen Belangen überlegen sind, ist es denkbar, das Arbeitsplatzangebot so zu gestalten, daß die Fähigkeiten der jeweiligen Altersgruppen optimal genutzt werden.

Wie sich die Leistungsfähigkeit mit dem Alter verändert, läßt sich aus der folgenden Aufstellung entnehmen.[37]

Veränderung spezifischer Eigenschaften mit zunehmendem Alter aufgrund empirischer Untersuchungen

Entwicklung mit zunehmendem Alter

Muskelkraft	Abnahme
Wendigkeit	Abnahme
Sinneswahrnehmungen	Abnahme
Anpassungsfähigkeit	Abnahme
Aufnahme- und Lernfähigkeit	Abnahme
Initiative	Abnahme
durch Krankheit beeinträchtigte Arbeitszeit	Abnahme
Intelligenz	unverändert
Erfahrung	Zunahme
Zuverlässigkeit	Zunahme
Unternehmensverbundenheit	Zunahme
regelmäßige Arbeitsfrequenz (ohne Absencen infolge Krankheit)	Zunahme
unfallfreies Arbeiten (bis 65 Jahre)	Zunahme

Die altersspezifischen Leistungskurven verlaufen je nach Arbeitsplatz oder Beruf ganz unterschiedlich. Ein früher Höhepunkt wird überall dort erreicht, wo es auf Körperkraft, Schnelligkeit und raschere Reflexe ankommt. Hierzu gehören Arbeitsplätze im Bergbau, in der Bauwirtschaft oder der eisenschaffenden Industrie. Den genau entgegengesetzten Leistungsverlauf weisen dagegen alle Berufe auf, bei denen Erfahrung und Zuverlässigkeit wichtig sind. Es sind dies gewisse geistige Berufe oder solche mit Kontrollfunktionen. Daneben sind noch alle möglichen anderen Leistungskurven denkbar, die Franz Xaver Kaufmann[38] zu folgenden beiden Typen zusammenfaßt:

1) Das Leistungsmaximum liegt zwischen 30 und 50 Jahren. Hierzu zählen die Mehrzahl der technischen, kaufmännischen und landwirtschaftlichen Berufe, ferner unqualifizierte Tätigkeiten mit hoher körperlicher Inanspruchnahme.

2) Das Leistungsmaximum ist kaum vom Alter abhängig, weil entweder die Anforderungen niedrig sind, oder aber weil abnehmende Fähigkeiten durch Erfahrung kompensiert werden können. Dies trifft für viele Dienstleistungsberufe zu, wie Handwerker, Verkäufer, aber auch wissenschaftliche und akademische Berufe.

Es ist natürlich kaum möglich, Prognosen über die Anforderungen der zukünftigen Arbeitsplatzstruktur zu machen. Man kann jedoch davon ausgehen, daß die Tätigkeiten, bei denen es in erster Linie auf jugendliche Fähigkeiten wie Kraft, Wendigkeit und Reaktionsvermögen ankommt und die überwiegend im sekundären Bereich benötigt werden, früher oder später durch Automaten ersetzt werden. Insofern wird der technische Fortschritt dem Prozeß des Alterns gerecht.

Untersuchungen über die Abnahme der menschlichen Fähigkeiten haben überdies ergeben, daß diejenigen Fähigkeiten, die besonders trainiert wurden, am raschesten abnehmen, hierzu gehören

Gedächtnis, Assoziationsfähigkeit, Einübung automatischer Bewegungen. Hier kann also durch eine entsprechende Fortdauer der Schulung der Leistungsabfall aufgehalten werden. Schließlich weist Kaufmann noch darauf hin, daß bei den meisten Fähigkeiten die Verbesserung der Schulbildung den Begabungsschwund verlangsamt. Die erworbenen geistigen Fähigkeiten ermöglichen es den Menschen, ihre Begabungen wesentlich besser zu bewahren und die physiologische Abnahme einzelner Fähigkeiten auszugleichen. Dies beweist, „daß der physische Alterungsprozeß einer Beeinflussung zugänglich ist, und daß durch vermehrte Schulung und insbesondere durch eine gewisse Weiterbildung im Erwachsenenalter die Anpassungs- und Leistungsfähigkeit auf einem relativ hohen Niveau erhalten werden können".[39]

Diese kurzen Bemerkungen mögen genügen, um aufzuzeigen, daß eine alternde Erwerbsbevölkerung nicht zwangsläufig zu einem Effizienzverlust führen muß. Abnehmende physische und geistige Fähigkeiten können zumindest teilweise kompensiert werden durch größere Erfahrung, Urteilsfähigkeit und Zuverlässigkeit.[40]

Die zweite mögliche Folge des Alterungsprozesses betrifft die Anpassungsfähigkeit an die sich ändernde Arbeitsplatzstruktur. Es wird vermutet, daß das Altern die Elastizität und Anpassungsfähigkeit der Erwerbsbevölkerung verringert. In Zukunft dürfte sich jedoch der Strukturwandel verstärken, denn:

– der Bevölkerungsrückgang bewirkt eine zusätzliche Verschiebung der Nachfrage,

– die zunehmende internationale Konkurrenz erfordert eine Konzentration auf forschungs- und entwicklungsintensive Produktionen.

Nach den bisherigen Erfahrungen gelten die jüngeren Leute nicht nur als besonders anpassungsfähig, indem sie sich nach den aktuellen Berufen hin orientieren und öfter den Arbeitsplatz oder Beruf wechseln. Sie bringen auch regelmäßig die neuesten Kenntnisse und Fähigkeiten mit, die der technische Fortschritt erfordert. Wenn nun im Zuge des Geburtenrückganges Jahr für Jahr schwächer besetzte Jahrgänge auf den Arbeitsmarkt kommen, müssen die Flexibilitätsanforderungen an die älteren Erwerbspersonen zwangsläufig steigen, da ein Nachwuchspotential, das so stark schrumpft wie das deutsche, die zunehmenden Leistungsansprüche der Wirtschaft in absehbarer Zeit nicht mehr befriedigen kann.[41]

Das Um- und Hinzulernen sowie die Umstellung auf neue Berufe fällt jedoch den Menschen, die in ihrem bisherigen Beruf alt geworden sind, meist recht schwer, so daß der notwendige Umstellungsprozeß nicht nur zu Leistungsverlusten, sondern auch zu persönlicher Unzufriedenheit führen kann. Hans W. Jürgens[42] weist in diesem Zusammenhang auf eine weitere mögliche Konsequenz hin: Das Gefühl der Älteren, in den neuen Berufen den jüngeren Kollegen unterlegen zu sein, könnte eine neue Form des Generationenkonflikts hervorrufen.

Der möglicherweise abnehmenden Flexibilität kann auf zweierlei Weise entgegengewirkt werden:

— In allen Altersjahren muß die Bereitschaft zum lebenslangen Lernen erhöht werden. Phasen des Arbeitslebens sollten also systematisch durch Zeiten der Fortbildung unterbrochen werden. Dies würde nicht nur die individuellen Fähigkeiten aktualisieren und ihre altersbedingte Abnahme aufhalten, sondern auch eine einseitige Bindung an den ausgeübten Beruf lockern.

— Bei den Jugendlichen gilt es, durch eine sorgfältige Ausbildung nicht nur alle qualitativen Reserven zu erschließen, sondern auch die Voraussetzung für die spätere Flexibilität zu schaffen. Wie Hilde Wander feststellt, können auf dem Erziehungs- und Ausbildungssektor die längerfristigen Folgen des Bevölkerungsrückganges sowohl verstärkt als auch abgeschwächt werden. ,,Weit bedeutender als die zahlenmäßige Bevölkerungsabnahme und die Zunahme des Anteils alter Personen sind die implizierten Leistungsverluste, die durch Versäumnisse in der Nachwuchserziehung noch vergrößert werden können. Sie führen zu Spannungen auf den Arbeitsmärkten, sie wirken sich nachteilig auf die Investitionsentscheidungen der Unternehmer, auf die Beschäftigungslage, die Einkommensentwicklung, und damit auf die Versorgung der Rentner aus."[43]

2.2.3 Aufstiegschancen

Ein Randproblem des Arbeitsmarktes, das jedoch zu sozialen Spannungen führen kann, ist die Frage des beruflichen Fortkommens. Wenn man davon ausgeht, daß wirtschaftliche Notwendigkeiten einen pyramidenförmigen Aufbau der beruflichen Hierarchie, das heißt einen weitgehend konstanten Anteil von Führungspositionen erfordern, sinken die Aufstiegschancen, wenn die Bevölkerung schrumpft.

Zwar werden auf dem Arbeitsmarkt die wenigen Berufsanfänger wegen ihrer aktuellen Ausbildung gesucht sein. Ihre Aufstiegsmöglichkeiten werden jedoch blockiert, weil es bei schrumpfendem Arbeitskräftepotential absolut weniger Führungspositionen gibt, die zunächst von den Angehörigen der stärker besetzten älteren Jahrgänge eingenommen werden. Die Verschlechterung der Aufstiegschancen in schrumpfenden Bevölkerungen könnte also, wie Kenneth Boulding[44] meint, dazu führen, daß eine wachsende Zahl von Personen mit ihrem Beruf unzufrieden ist, weil ihnen trotz zunehmenden Alters und entsprechender Qualifikation kein Aufstieg in der beruflichen und damit auch gesellschaftlichen Hierarchie gelingt. Es käme zwar zu einem anfänglich raschen Vorwärtskommen, das sich jedoch keinesfalls in späteren Jahren fortsetzt, sondern in eine Phase der beruflichen Stagnation mündet. Um hier Abhilfe zu schaffen, schlägt Nathan Keyfitz[45] vor, entweder die berufliche Hierarchie durch Einführung neuer Titel und Dienstgrade weiter zu differenzieren oder aber zu versuchen, die gesellschaftliche Bedeutung des beruflichen Aufstiegs zu verringern.

2.3 Bildungssektor

Zeitlich vor dem Arbeitsmarkt wird der Bildungssektor vom Geburtenrückgang betroffen. Von Jahr zu Jahr betreten immer weniger Kinder und Jugendliche die verschiedenen Bildungsstufen, während stärker besetzte ältere Jahrgänge sie verlassen. Die Folge ist, daß die vorhandenen personellen und räumlichen Kapazitäten immer schwächer ausgelastet werden.

Auch hier steckt die Bundesrepublik in dem Dilemma, daß erst in der jüngsten Vergangenheit die Kapazitäten noch erheblich erweitert werden mußten, um den Ansturm der großen Geburtenjahrgänge der sechziger Jahre verkraften zu können. Im Hochschulbereich ist das Maximum der Inanspruchnahme noch nicht einmal erreicht, so daß dort die Einrichtungen noch weiter ausgebaut werden müssen. Durch die expansive Bildungspolitik wurde überdies die Nachfrage nach weiterführenden Bildungseinrichtungen verstärkt. Über die demographisch bedingte Zunahme der Schüler- und Studentenzahlen hinaus ergab sich so ein zusätzlicher Run auf Realschulen, Gymnasien und Hochschulen.

Inzwischen hat sich die Erkenntnis durchgesetzt, daß die starke Belastung der Bildungsinstitutionen vorübergehend ist. Dies nicht zuletzt deshalb, weil die Folgen des Geburtenrückganges im Elementarbereich, bei Kindergärten und Kinderhorten, bereits deutlich zu spüren sind. Während noch vor wenigen Jahren die Kindergärten lange Wartelisten hatten, ist es heute gewöhnlich nicht mehr schwer, kurzfristig einen Platz zu erhalten.

Aus Tabelle 35 (im Anhang) geht hervor, wie sich unter den gegenwärtigen Verhältnissen der Versorgungsgrad mit Kindergartenplätzen, gemessen an der Relation „Zahl der Plätze / Kinder zwischen drei und sechs Jahren"[46] verändert. Während zur Zeit für jedes Kind etwa ein halber Platz vorhanden ist, verbessert sich das Verhältnis bei konstanter oder weiter rückläufiger Fruchtbarkeit. Bis etwa 1995 dürfte es allerdings möglich sein, die Kindergärten einigermaßen auszulasten. Denn wie der augenblickliche Versorgungsgrad zeigt, sind noch längst nicht alle Kinder untergebracht. Zwar wohnt ein großer Teil von ihnen auf dem Lande, wo der nächste Kindergarten zu weit entfernt ist. Doch dürfte es auch in den Städten noch Kinder geben, die keinen Kindergarten besuchen. Durch eine geeignete Werbung, unter Umständen auch durch eine Reduzierung der Gebühren für sozial schwache Eltern, könnte daher die Frequenz erhöht werden.

Bei gleichbleibender Fruchtbarkeit steigt der Versorgungsgrad ceteris paribus bis 1995 um knapp 12 Prozent, das heißt bei gleicher Besuchshäufigkeit würden 12 Prozent der augenblicklich vorhandenen Plätze nicht besetzt sein. Es müßte jedoch, wie gesagt, möglich sein, die tatsächliche Unterauslastung noch zu verringern. Erst anschließend geht die Kinderzahl stärker zurück. Es wäre daher verfrüht, bereits jetzt an einen Kapazitätsabbau zu denken. Aller Voraussicht nach wird die Geborenenzahl in den achtziger Jahren zunächst wieder leicht ansteigen, zumindest aber nicht stärker zurückgehen.

Sollte es dagegen zwischenzeitlich wieder zu einem Ansteigen der Fruchtbarkeit kommen, würde sich die Relation Kindergartenplätze/Kinder in den neunziger Jahren möglicherweise wieder verschlechtern. Auch anschließend wäre der gegenwärtige Versorgungsgrad nicht wieder erreicht.

Zur Zeit erscheint es daher vernünftig, die bestehenden räumlichen und personellen Kapazitäten im Elementarbereich beizubehalten, um die weitere Entwicklung abzuwarten. Falls sich in den achtziger Jahren keine Trendwende in der Fruchtbarkeit zeigt, ist es immer noch früh genug, Leerkapazitäten abzubauen. Sollten zwischenzeitlich Plätze frei bleiben, wäre an eine verstärkte Information der Eltern zu denken, damit sie ihre Kinder vollzählig in den Kindergarten schicken. Schwierigkeiten wegen der längeren Wege dürften dabei hauptsächlich in ländlichen Gebieten auftreten. Um auch dort die Kinder erfassen zu können, hält Rudolf Riefers[47] es sogar unter Umständen für notwendig, in begrenztem Umfang neue Kindergärten zu errichten. Dies könnte auch durch die Nutzung nicht mehr benötigter Grundschulklassen geschehen.

Wenn jedoch die Fruchtbarkeit nicht wieder ansteigt, wird es auf lange Sicht unvermeidbar sein, auch die Kapazitäten abzubauen, selbst wenn man für einige Zeit den Schrumpfungsprozeß noch durch eine Verkleinerung der Gruppen und eine entsprechend intensivere Betreuung der Kinder aufhalten oder verlangsamen kann.

Schulen und Hochschulen bekommen mit der entsprechenden zeitlichen Verzögerung den Geburtenrückgang zu spüren, auch wenn sie zur Zeit teilweise noch mit der Bewältigung der demographischen Welle der sechziger Jahre zu tun haben.

Unter der vereinfachenden Annahme, daß sich die Aufteilung der einzelnen Jahrgänge auf die verschiedenen Schultypen gegenüber 1974 nicht ändert, entwickeln sich die Schülerzahlen in der allgemeinen Ausbildung (Grund-Hauptschulen, Sonderschulen, Realschulen, Gymnasien und Gesamtschulen) wie aus Abbildung 17 zu sehen ist.

Zunächst gibt es bis 1990 in allen Schularten immer weniger Schüler. Am stärksten betroffen sind die Grund- und Hauptschulen, deren Schülerzahl sich bis 1990 von 6,2 auf 3,8 Millionen, also um 39 Prozent reduziert. Das entspricht einer durchschnittlichen jährlichen Abnahme von 3,5 Prozent. In Realschulen und Gymnasien ist augenblicklich der Höhepunkt erreicht. In den nächsten Jahren wird sich auch hier der Geburtenrückgang auswirken.

Da sich aufeinanderfolgende Jahrgänge, vor allem die von 1969 bis 1973, zahlenmäßig sehr stark unterscheiden, die Verringerung von Jahr zu Jahr beträgt zum Teil über 10 Prozent, wird es sich nicht vermeiden lassen, die betroffenen Klassenzahlen zumindest teilweise zu reduzieren. Allein über eine Verringerung der Klassenstärke wird der Rückgang der Schülerzahl nicht aufzufangen sein, da man sonst in den Schulen erhebliche Unterschiede in den Klassenfrequenzen erhalten würde. Von einer Verringerung der Klassengrößen sollten aber nicht einseitig die nachrückenden Jahrgänge profitieren.

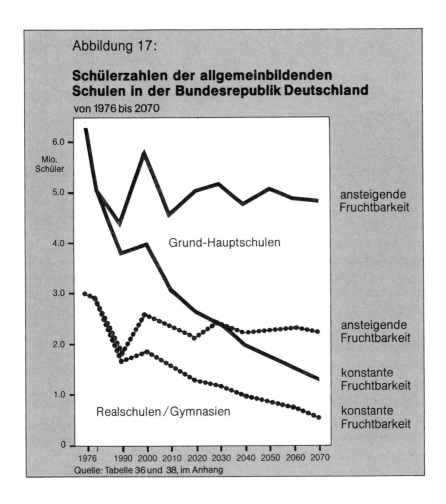

Nach 1990 steigen die Schülerzahlen generell wieder leicht an, Folge der zu erwartenden steigenden Geborenenzahlen in den achtziger Jahren. Dieser zweite, kleinere Schülerberg ist jedoch im Jahre 2000 bereits überwunden. Von da ab sinken die Schülerzahlen ständig, auch wenn die Abnahmeraten unterschiedlich sind. Dies ist eine Folge der schwankenden Geborenenzahlen aufgrund der ungleichmäßigen Altersstruktur der jeweiligen Elterngenerationen.

Sollte die Fruchtbarkeit dagegen in den nächsten Jahren wieder auf das Reproduktionsniveau ansteigen, ergäbe sich ein weitgehend anderes Bild. Zwar würden auch dann die Schülerzahlen zunächst zurückgehen, doch wäre die Abnahme nicht so stark, der folgende Anstieg dagegen rascher und kräftiger. Bei den Grund- und Hauptschulen wäre im Jahre 2000 sogar der gegenwärtige Stand wieder erreicht. In den Folgejahren würden die Schülerzahlen entsprechend den weiter vorn ermittelten demographischen Wellen schwanken, doch wären die Ausschläge wesentlich geringer als in den Jahren von 1970 bis 1990.

Aus den verschiedenen Entwicklungsmöglichkeiten läßt sich schon jetzt der Schluß ziehen, daß die räumlichen Kapazitäten des allgemeinen schulischen Bereichs auch auf lange Sicht genügen dürften, daß für die Zukunft also Ersatzinvestitionen ausreichen. Ob und inwieweit in den nächsten Jahren Schulen stillgelegt werden müssen, weil sie aus wirtschaftlichen Gründen nicht mehr offengehalten werden können, läßt sich zur Zeit nicht sagen.

Bei den möglichen Folgen von Schulschließungen ist zu unterscheiden, ob sie in Ballungsgebieten oder ländlichen, dünnbesiedelten Räumen erfolgen. Raimund Ritter[48] ist der Meinung, daß Schulschließungen in den Verdichtungsräumen ohne größere Schwierigkeiten durchgeführt werden können, da für die Schüler dadurch keine unzumutbaren Schulwege entstehen. Auch kann weiterhin ein ausreichendes Spektrum an Schulformen angeboten werden. In den ländlichen Gebieten lassen die großen Entfernungen dagegen keine weitere Zusammenlegung von Schulen mehr zu. Auch eine Abstimmung des Unterrichtsangebots benachbarter Schulen leidet unter den räumlichen Distanzen. Hier ist es durchaus denkbar, daß es wieder zu kleineren einzügigen Schulen kommt oder gar solchen mit zusammengefaßten Klassen. Die bisherigen Erfahrungen mit den großen Schuleinheiten lassen jedenfalls eine solche Entwicklung nicht von vornherein als Rückschritt erscheinen. „Allgemein hat die Hinwendung zu Mammutschulen in den wenigsten Fällen zur Lösung der anstehenden Probleme im Bildungswesen beigetragen."[49]

Ein weiteres Indiz für eine Straffung der Bildungsvielfalt sind die Vorschläge der westdeutschen Rektorenkonferenz zur Vereinheitlichung der gymnasialen Oberstufe, bei der wieder mehr Wert auf eine breite Grundausbildung gegenüber einer zu frühen Spezialisierung gelegt werden soll.[50]

Doch nicht nur bildungspolitische Überlegungen sprechen dafür, ein möglichst flächendeckendes Netz von Institutionen beizubehalten. Die Bildungseinrichtungen sind auch unter Raumordnungsgesichtspunkten zu sehen. Sie stellen ein wesentliches Element der Infrastruktur dar und tragen folglich entscheidend zu den Standorteigenschaften der Regionen bei. Nach allgemeiner Ansicht ist das Vorhandensein aller wichtigen Schulformen Voraussetzung für die Ansiedlung von Wirtschaftsbetrieben mit Arbeitsplätzen mittlerer und höherer Qualifikation. Würde man derartige Bildungseinrichtungen wie unrentable Zweigbetriebe aufgeben, würde dies mit Sicherheit die Abwanderungstendenzen aus den betroffenen Räumen verstärken und so nicht nur die Auslastung weiterer öffentlicher Einrichtungen beeinträchtigen, sondern auch das Arbeitsplatzangebot negativ beeinflussen.

Größere Probleme als die Anpassung der räumlichen Kapazitäten macht eine adäquate Gestaltung der Lehrerzahl. Zunächst einmal bietet der Rückgang der Schülerzahlen die Gelegenheit, die Klassenstärken herabzusetzen. Dies ist auch unter pädagogischen Gesichtspunkten zu begrüßen, da nicht nur die Grund- und Hauptschulen, sondern auch viele andere Institutionen vielfach noch zu große Klassen haben.

Nimmt man die Relation Schüler/Lehrer als Maß, so hält die Bundesrepublik im internationalen Vergleich einen guten Mittelplatz (vgl. Tabelle 39, Seite 104). In der Primarstufe (Grundschule) hatte 1974 im Schnitt ein Lehrer 23,5 Kinder zu unterrichten. Günstigere Werte wiesen die Länder Schweden (16,0), Italien (19,7), und Großbritannien (22,7) auf. Im Sekundarbereich wird die Relation der Bundesrepublik von 14,9 Schülern/Lehrer nur von Schweden mit 9,7 unterboten.

Tabelle 39:
Die Relation Schüler zu Lehrer nach Schularten in ausgewählten westlichen Industrieländern im Jahre 1974

Schulart	Bundesrepublik Deutschland	Frankreich	Italien	Niederlande	Vereinigtes Königreich	Schweden	USA
Primarstufe	23,5	27,0	19,7	27,3	22,7	16,0	20,4
Sekundarstufe	14,9	19,5	15,3[1]	16,1	16,0	9,7	18,4
Tertiärstufe	9,3	19,4[1]	21,6	19,1[1]	12,8	·	16,2

[1] 1973
Quelle: Statistische Jahrbücher 1977 und 1978 für die Bundesrepublik Deutschland

Würde die augenblickliche Lehrerzahl beibehalten, ergäben sich bei konstanter Fruchtbarkeit etwa im Jahre 2000 die Schüler-/Lehrerrelationen Schwedens. Dies Beispiel mag zeigen, daß auch eine Beibehaltung der augenblicklichen Lehrerzahl auf mittlere Sicht nicht zu utopisch niedrigen Klassenfrequenzen führt. Da die Schülerzahlen jedoch nicht gleichmäßig in allen Bereichen zurückgehen, wird eine erhöhte Flexibilität der Lehrer, etwa zwischen Grund- und Hauptschulen oder zwischen verschiedenen Schularten erforderlich, um überall zu einer einigermaßen gleichförmigen Verringerung der Klassenstärken zu kommen.

Es ist jedoch damit zu rechnen, daß in den nächsten Jahren das Lehrerangebot noch zunimmt, denn bis vor kurzem erfreute sich der Lehrerberuf bei den Abiturienten größter Beliebtheit. Hinzu kommt, wie Gustav Feichtinger[51] unterstreicht, daß in einer schrumpfenden Bevölkerung tendenziell ein Lehrerüberschuß besteht, weil die Geburtsjahrgänge, denen die Lehrer angehören, regelmäßig stärker besetzt sind als die der Schüler.

Dieser Effekt läßt sich durch eine einfache Modellrechnung kennzeichnen. Im Jahre 1975 waren etwa 1,8 Prozent der 30- bis 45jährigen als Lehrer tätig. Gesetzt den Fall, daß auch in Zukunft der gleiche Lehreranteil bei allen Altersklassen zwischen 25 und 65 Jahren realisiert wird, gäbe es im Jahre 2000 590 000 Lehrer gegenüber 426 000 im Jahre 1975. Gleichzeitig wäre die Schülerzahl (bei konstanter Fruchtbarkeit) von 10 auf 6,5 Millionen gefallen.

Der starke Anstieg der Lehrerzahl beruht auf zwei Faktoren:

— Die Zahl der Personen zwischen 25 und 65 Jahren steigt bis zum Jahr 2000 an;

— im Augenblick ist der Lehreranteil bei den über 40jährigen wesentlich niedriger als 1,8 Prozent. Die Modellrechnung geht also von der Annahme aus, daß der Andrang zum Lehrerberuf, der besonders in den letzten Jahren stark zugenommen hat, in Zukunft nicht wieder nachläßt.

Bei den Berechnungen wurden die schlechter werdenden Berufsaussichten der Lehrer außer acht gelassen. Unter dem Eindruck arbeitsloser Junglehrer ist denn auch die Zahl der Abiturienten, die Lehrer werden wollen, in jüngster Zeit erheblich zurückgegangen. Es kann noch nicht gesagt werden, ob diese Zurückhaltung dauerhaft ist oder nur Folge einer vorübergehenden Verunsicherung.

Wie sich in den kommenden Jahren der Hochschulbesuch entwickeln wird, ist besonders schwer zu beurteilen. Bis vor kurzem war noch davon auszugehen, daß 90 bis 95 Prozent, zumindest der männlichen Abiturienten, eine Hochschule besuchen wollten. Dies wurde unter dem Aspekt eines steigenden Bedarfs an hochqualifizierten Arbeitskräften befürwortet, wobei akademische Ausbildung und hohe Qualifikation oft stillschweigend gleichgesetzt wurden.

Inzwischen hat die Bildungsexpansion in Verbindung mit der schlechten Arbeitsmarktlage — dazu hat auch die Zurückhaltung des Staates bei der Einstellung neuen Personals erheblich beigetragen — bewirkt, daß auch Hochschulabsolventen arbeitslos werden. Befürchtet wird, daß in Zukunft die Arbeitslosigkeit von Akademikern noch weiter ansteigt und daß viele nur eine unterwertige Stelle erhalten können. Inwieweit diese Überlegungen gerechtfertigt sind, läßt sich nicht mit Sicherheit sagen. Eine entscheidende Rolle spielt dabei die generelle Arbeitsmarktsituation. Sie erscheint — wie weiter vorn dargelegt — für die nächsten 10 bis 15 Jahre nicht sehr günstig.

Danach dürfte sich die Situation, auch bei schwächerem Wirtschaftswachstum, jedoch grundlegend ändern. Fraglich ist nur, ob die traditionellen Akademikerberufe so ausgeweitet werden können, daß alle Hochschulabsolventen den Arbeitsplatz erhalten, den sie sich bei der Aufnahme ihres Studiums vorgestellt haben. Dies wurde bereits bei den Lehrern angedeutet. Es gilt, allerdings nur auf mittlere Sicht, auch für Mediziner, wie noch zu zeigen sein wird. Zu erwarten ist daher, daß Akademiker verstärkt in Berufe eindringen, die bislang ohne eine wissenschaftliche Ausbildung erreicht werden konnten.

Hiergegen werden in der Regel zwei Argumente vorgebracht:

- Akademiker sind für derartige Positionen überqualifiziert. Die entsprechenden Bildungsinvestitionen in das human capital wären folglich Fehlinvestitionen.

- Die Akademiker verdrängen Nichtakademiker oder blockieren deren Aufstiegsmöglichkeiten.

Das erste Argument orientiert sich allzusehr an der gegenwärtigen Situation. Wenn sich die Wirtschaft weiter entwickelt und die Leistungserstellung immer komplizierter wird, werden an die Arbeitskräfte entsprechend höhere Anforderungen gestellt, so daß immer mehr Berufe von einer akademischen Vorbildung ihrer Angehörigen profitieren können. Allerdings müßten auch die Hochschulen der sich wandelnden Berufsstruktur stärker Rechnung tragen.

Fraglich ist, ob die hervorgehobene Position der Akademiker einen derartigen Wandel unbeschadet übersteht, und zwar sowohl im Hinblick auf das Sozialprestige als auch auf das Einkommen. Hier dürfte allein schon ein steigender Akademikeranteil nivellierend wirken. Mit dem Bewußtsein, nicht mehr einer kleinen Elite anzugehören, wird auch der Anspruch auf eine elitäre Behandlung schwinden.

Das zweite Argument aufstiegswilliger Nichtakademiker läßt den Umstand außer acht, daß eine Konkurrenzsituation in jedem Fall bestehen würde. Würden weniger Abiturienten studieren, gäbe es entsprechend mehr nichtakademische Bewerber um die zur Diskussion stehenden Arbeitsplätze und Berufe.

Sollten dennoch in Zukunft Akademiker unterwertig beschäftigt werden oder gar arbeitslos sein, so unterscheidet sich ihre Situation objektiv wohl nur dadurch von der anderer Arbeitsloser, daß die Gesellschaft für ihre Ausbildung besonders viel aufgewendet hat, also auch entsprechend höhere volkswirtschaftliche Verluste eintreten. Würde man darüber hinaus einen arbeitslosen Akademiker als besonders tragischen Fall ansehen, wäre das eine doppelte Ungerechtigkeit gegenüber der breiten Masse der Bevölkerung. Man würde dann nämlich den betroffenen Personen nicht nur das Recht auf eine besonders intensive Ausbildung zubilligen, sondern zusätzlich auch noch einen moralischen Anspruch auf eine krisensichere bevorzugte Existenz.

Die öffentlichen Diskussionen um die verschlechterten Zukunftsaussichten für Akademiker haben in jüngster Zeit zu einem starken Absinken der Studierwilligkeit der Abiturienten geführt. Es bleibt abzuwarten, ob dies nur eine vorübergehende Erscheinung ist, ob nicht unter Umständen sogar viele junge Leute, die im Augenblick eine praktische Ausbildung oder Tätigkeit vorziehen, nach einigen Jahren Berufspraxis doch noch die Hochschulen besuchen.

In der Annahme, daß die Hochschulabstinenz vieler Abiturienten nur temporärer Natur ist, sind in Tabelle 40 (im Anhang) die Studentenzahlen zusammengestellt, die sich bei Extrapolation der hohen Studierwilligkeit ergeben würden, die noch vor kurzem herrschte. Der Einfachheit halber wurde unterstellt, daß der gleiche Anteil von 20- bis 25jährigen auch in Zukunft die Hochschulen besucht. Das impliziert zunächst, daß die mittlere Studierdauer ebenfalls konstant bleibt. Diese Annahme erscheint angesichts der Bestrebungen, das Studium zu straffen, als etwas überhöht. Mit der sukzessiven Beseitigung von Kapazitätsengpässen dürfte ferner die Zahl der Parkstudien, jener mit Warten auf einen Studienplatz im angestrebten Fach verbrachten Hochschulsemester, abnehmen. Beide

Überlegungen sprechen dafür, daß die ermittelte Zahl von Studenten eher zu hoch ist.

Auf lange Sicht könnte jedoch — ein entsprechender Bedarf an Akademikern vorausgesetzt — der Anteil der Studierenden steigen, weil möglicherweise mehr Frauen die Hochschule besuchen. Zur Zeit sind nur etwa ein Drittel der Studierenden Frauen. Hier liegt noch ein beachtliches ungenutztes Reservoir. Rückwirkungen gäbe es möglicherweise auf anderem Gebiet: Steigende Studentinnenzahlen könnten zu einem weiteren Rückgang der Fruchtbarkeit führen.

Unterstellt man, daß sich die verschiedenen gegenläufigen Tendenzen kompensieren, steigt die Zahl der Studierenden — unabhängig von der Entwicklung der Fruchtbarkeit — bis 1985 von rund 900 000 auf etwa 1,1 Million an[52]. Danach sinkt die Zahl erst langsam, dann immer rascher ab. Die jährliche Abnahme liegt zwischen 1990 und 1995 bei 6,7 Prozent. Etwa ab 1995 wirken sich die unterschiedlichen Annahmen über die Fruchtbarkeit aus. Zwar verlangsamt sich der Rückgang bis zum Jahre 2000 in allen drei Varianten. Bei gleichbleibender oder gar bei steigender Fruchtbarkeit nimmt bis 2010 die Studentenzahl sogar wieder zu, erreicht mit 665 000 (konstante Fruchtbarkeit) jedoch das heutige Niveau nicht wieder. Danach erfolgt auch dort ein ständiger Rückgang entsprechend der schrumpfenden Bevölkerungszahl, allerdings sind die Abnahmeraten um etwa 20 Jahre zeitverschoben.

Bei steigender Fruchtbarkeit ist im Jahre 2000 mit 630 000 Studierenden der Tiefpunkt erreicht. Innerhalb von zehn Jahren wächst die Zahl dann um über 50 Prozent auf 960 000, um in der nächsten Dekade wieder auf 800 000 zurückzugehen. Die nachfolgenden Schwankungen ebben langsam ab. Im Hochschulbereich ist bei den drei Fruchtbarkeitsvarianten also mit stark schwankenden Frequenzen zu rechnen, die Hochschulplaner und Hochschulangehörige vor erhebliche Anpassungsprobleme stellen dürften.

Sollte die Fruchtbarkeit auf Dauer so niedrig bleiben wie bisher, wird auf lange Sicht in allen Bereichen ein Abbau von Bildungska-

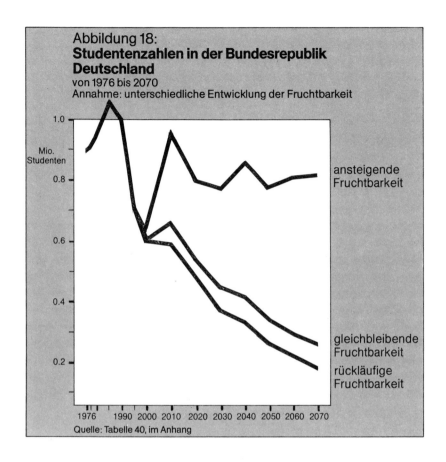

pazitäten unausweichlich, es sei denn, es fänden sich neue Funktionen, etwa auf dem Gebiete der Erwachsenenbildung. Das erfordert allerdings zunächst eine entsprechende Umschulung, besser noch eine adäquate Ausbildung des Lehrpersonals. ,,Wenn die Erziehung und Ausbildung des Nachwuchses als Teil eines umfassenden, durchgängigen und anpassungsfähigen Bildungssystems verstanden und organisiert wird, das sich auf alle Bevölkerungsgruppen und alle Lebensphasen richtet und alle Formen der beruflichen und nichtberuflichen Erwachsenenbildung wie auch der Bildungsberatung miteinschließt, lassen sich Über- und Unterausnutzung von Bildungskapazitäten, Freisetzung und Überlastung von Lehrkräften leichter vermeiden."[53] Dies bedeutet jedoch, daß die Bildungsausgaben nicht in dem Maße zurückgehen können, wie es der sinkenden Schüler- und Studentenzahl entspräche. Immerhin dürften die Zeiten eines überproportionalen Anstiegs der Gesamtausgaben bald vorbei sein. Die Ausgaben je Schüler werden dagegen weiter überproportional steigen. Dies ist auch gerechtfertigt, da es gilt, den späteren Rückgang in der Beschäftigtenzahl schon jetzt durch eine intensive Ausbildung der Jugendlichen zur Steigerung der späteren beruflichen Effizienz soweit wie möglich zu kompensieren.

2.4 Soziale Sicherung und Einkommensverteilung

Im Zusammenhang mit dem Bevölkerungsrückgang wird oft die Frage gestellt, ob unser System der sozialen Sicherung mit seinen wesentlichen Elementen Krankenversicherung, Altersversorgung und Arbeitslosenversicherung auch bei ständig rückläufigen Einwohnerzahlen Bestand haben wird. Es wird befürchtet, daß sich das Verhältnis von wirtschaftlich Aktiven zu Inaktiven, also von Erwerbstätigen zu Nichterwerbspersonen und Arbeitslosen zahlenmäßig so verschlechtert, daß die erforderliche Einkommensumverteilung nicht mehr durchgeführt werden kann. Das bestehende System funktioniert bekanntlich so, daß die Erwerbstätigen im wesentlichen aus den im Leistungsprozeß entstandenen Einkommen die Mittel für den Unterhalt der übrigen Bevölkerung aufbringen.

Wenn bei ständig sinkenden Kinderzahlen immer weniger Arbeitskräfte heranwachsen, während die älteren Jahrgänge, insbesondere die im Rentenalter, noch vergleichsweise stark besetzt sind, könnten die Lasten für die Finanzierung der sozialen Sicherung über kurz oder lang zu schwer werden, so daß Verteilungskämpfe zwischen alten und jüngeren Menschen möglich werden könnten. Dabei ist es im Endergebnis gleich, ob die Transfereinkommen direkt aus Beiträgen oder indirekt aus allgemeinen Steuereinnahmen bezahlt werden.

Die Umverteilung hängt weniger von der zahlenmäßigen Relation Aktive zu Nichtaktiven ab, sondern vielmehr von der Höhe und der jährlichen Veränderung des Pro-Kopf-Einkommens. Wenn das Pro-Kopf-Einkommen real wächst, können alle Personengruppen am steigenden Lebensstandard partizipieren. Selbst bei konstanten Pro-Kopf-Einkommen können die individuellen Einkommen ceteris paribus verbessert werden, wenn sich das Verhältnis von Aktiven zu Nichtaktiven verschlechtert, falls die Transfereinkommen niedriger sind als die verfügbaren Erwerbseinkommen.

Hierfür ein einfaches Beispiel:
Im Jahre 0 betrage das durchschnittliche Volkseinkommen 750 Geldeinheiten, das der Aktiven 1000 Geldeinheiten, das der Renter 500 Geldeinheiten. Jeweils 50 Prozent der Bevölkerung sind Rentner und Erwerbstätige, also

$$750 = 1000 \times 0{,}5 + 500 \times 0{,}5$$

Im Jahr t sei das durchschnittliche Volkseinkommen ebenfalls 750 Geldeinheiten. Jetzt gibt es aber nur noch 40 Prozent Erwerbstätige. Würden beide Personengruppen das gleiche Einkommen wie im Jahre 0 erhalten, betrüge das durchschnittliche Volkseinkommen jedoch nur

$$750 = 1000 \times 0{,}4 + 500 \times 0{,}6$$

Es könnte also pro Kopf eine Einkommenssteigerung von 50 Geldeinheiten erfolgen oder bei gleichmäßiger relativer Zunahme eine Steigerung von 7,1 Prozent.

Dieses auf den ersten Blick verblüffende Ergebnis setzt voraus, daß auch bei rückläufiger Erwerbstätigenzahl ein konstantes Pro-Kopf-Volkseinkommen erwirtschaftet wird. Das bedeutet aber, daß die durchschnittlichen produktiven Einkommen (vor der Umverteilung) überproportional gestiegen sind.

Im Beispiel müßten die produktiven Einkommen von 1500 im Jahre 0 auf 1875 im Jahre t ansteigen. Das entspricht einer Zunahme um

25 Prozent. Mit anderen Worten, von der hohen Bruttoeinkommenssteigerung von 25 Prozent verbliebe bei gleicher relativer Beteiligung der Nichtaktiven lediglich eine Zunahme von netto 7,1 Prozent. Noch ungünstiger wird das Bild, wenn man die Belastung mit Abgaben betrachtet. Während im Jahre 0 den Aktiven noch zwei Drittel ihres Bruttoeinkommens verbleiben, sind es im Jahre t nur 57,1 Prozent. Die Steuer- und Abgabenprogression würde den weitaus größten Teil der Einkommensverbesserung aufzehren.

Es handelt sich im Beispiel zwar um konstruierte und in ihren Größenordnungen unrealistische Werte. Die tatsächlichen Veränderungen dürften wesentlich geringer sein und entsprechend nicht so spektakulär wirken. Das ändert nichts an der Tatsache, daß eine derartige Situation Verteilungskämpfe geradezu provoziert.

Eine zweite Annahme des Beispiels ist ebenfalls nicht ohne weiteres erfüllt. Wenn die Relation der Aktiven zu den Nichtaktiven sinkt, ist eine Konstanz des Pro-Kopf-Volkseinkommens nur bei einer entsprechend hohen Zunahme der produktiven Einkommen gewährleistet. Allerdings wurde bei den Überlegungen zum Wirtschaftswachstum gezeigt, daß – objektiv gesehen – bei dem in der Bundesrepublik zu erwartenden Bevölkerungsrückgang das Inlandsprodukt trotzdem, wenn auch in geringerem Ausmaße, wachsen kann. Eine absolute Zunahme bedeutet bei rückläufiger Bevölkerung jedoch automatisch ein steigendes Pro-Kopf-Volkseinkommen.

Betrachten wir die Belastung des aktiven Teils der Bevölkerung etwas näher. Als Maß hierfür wird gewöhnlich die sogenannte Belastungsquote berechnet, das Verhältnis der Bevölkerung im noch nicht oder nicht mehr voll erwerbsfähigen Alter zu den Personen im voll erwerbsfähigen Alter, also beispielsweise

$$\text{Belastungsquote} = \frac{\text{Bevölkerung unter 20 und über 60 Jahre}}{\text{Bevölkerung zwischen 20 und 60 Jahren.}}$$

Ein etwas genaueres Bild ergibt sich, wenn man die unterschiedliche Erwerbsbeteiligung der einzelnen Altersklassen berücksichtigt. Dies geschieht am anschaulichsten durch die Erwerbsquote, oder, in Analogie zur oben definierten Belastungsquote, durch die Relation von Nichterwerbs- zu Erwerbspersonen, also

$$\text{modifizierte Belastungsquote} = \frac{\text{Nichterwerbspersonen}}{\text{Erwerbspersonen}}$$

Diese Quote gibt an, wieviel Nichtaktive im Durchschnitt auf einen Aktiven kommen, wobei hier die Zahl der Arbeitslosen vernachlässigt wird.

Wie aus Tabelle 31 zu ersehen ist, weisen die Erwerbsquoten in allen drei Fruchtbarkeitsvarianten keine allzu großen Schwankungen auf. Sie steigen zunächst an, weil in den achtziger Jahren bei rückläufiger Kinderzahl die Zahl der jugendlichen Berufsanfänger stark zunimmt. Anschließend reduzieren sich die Quoten wieder, um etwa um das Jahr 2030 ihr Minimum zu erreichen. Auf diesem niedrigen Niveau stabilisiert sich dann die Erwerbsbeteiligung.

Beläßt man es bei dieser globalen Betrachtung, liegt der Schluß nahe, daß die sich aus dem Bevölkerungsrückgang ergebenden Belastungen keinesfalls untragbar sind. Dies gilt um so mehr, falls weiteres Wirtschaftswachstum für eine insgesamt befriedigende Einkommenssituation sorgt.

Bei der bisherigen Darstellung wurde unterstellt, daß die durchschnittliche Belastung durch die Nichtaktiven, seien es Kinder, Jugendliche in Ausbildung, Erwachsene in mittleren Jahren oder alte Leute, für alle Personengruppen gleich ist. Nun bewirkt der Bevölkerungsrückgang jedoch erhebliche Verschiebungen in der Altersstruktur, so daß je nach Kostenanfall der vorher gezogene Schluß günstiger oder ungünstiger ausfällt.

Verbindliche Angaben über die effektive Belastung durch Kinder, Jugendliche und alte Leute gibt es bisher noch nicht. Statt dessen wird verschiedentlich mit einem relativen Kostenvergleich von jungen zu alten Leuten operiert. Die Relation reicht dabei von etwa 0,7 : 1[54] bis 1,3 : 1[55]. Für den Satz von 1,3 : 1 von Hilde Wander spricht, daß er auf besonders intensiven empirischen Recherchen neueren Datums basiert.

Da bei schrumpfender Bevölkerung der Anteil junger Leute tendenziell – bis zum Erreichen einer stabilen Struktur – zurückgeht, während der Anteil alter Menschen zumindest zwischenzeitlich stark ansteigt, sinken entsprechend die Kosten für Kinder und Jugendliche, während die für alte Leute zunehmen. Die Gesamtbelastung ergibt sich, folgt man dem Ansatz von Hilde Wander, nach

(1) $k_G = k_J g_J + k_A g_A$
mit
k_G = Gesamtbelastung
$k_J = 1{,}3$ = relative Kosten für junge Leute
$k_A = 1{,}0$ = relative Kosten für alte Leute
g_J, g_A = Anteile der Jungen beziehungsweise Alten an der Gesamtbevölkerung

Aussagefähig ist jedoch nur die relative Veränderung der Gesamtbelastung gegenüber dem Ausgangsjahr, da es sich bei den Ansätzen nur um Kostenrelationen handelt. Tabelle 41 zeigt, daß sich keinesfalls eine dramatische Verschlechterung ergibt. Im Gegenteil, gemessen an der Situation des Jahres 1976 geht die Belastung sowohl bei konstanter als auch bei rückläufiger Fruchtbarkeit bis zum Jahre 2000 von 100 auf 88,5 beziehungsweise 85,5 zurück,

Tabelle 41:
**Entwicklung der Belastung der Aktiven bei
Ansatz der Kostenrelation von Hilde Wander**
(1976 ≙ 100)
von 1976 bis 2070

Jahr	gleichbleibende Fruchtbarkeit	rückläufige Fruchtbarkeit	ansteigende Fruchtbarkeit
1976	100	100	100
2000	88,5	88,5	99,8
2030	97,5	97,1	103,8
2070	94,1	95,0	97,4

Quelle: Eigene Berechnungen

steigt bis zum Jahre 2030 fast wieder auf das Ausgangsniveau (97,5 beziehungsweise 97,1), um anschließend wieder etwas zurückzugehen. Lediglich bei ansteigender Fruchtbarkeit bleibt die Belastung auf dem derzeitigen Niveau, bis 2030 steigt sie sogar auf den Wert von 103,8.

Die tatsächliche Belastung dürfte etwas höher sein, da — wie erwähnt wurde — die Aufwendungen für die Ausbildung der Kinder und Jugendlichen keinesfalls proportional mit ihrer Zahl reduziert werden können. Dennoch erscheint die Entwicklung nicht bedrohlich.

Dieser Eindruck entsteht erst, wenn man das Augenmerk allein auf die Relation alte Menschen zu Erwerbstätigen richtet, also untersucht, welcher Teil der produktiven Einkommen für die Finanzierung der Altersversorgung aufgewendet werden muß. Geht man davon aus, daß bei der gegenwärtigen Relation ältere Menschen (über 60 Jahre) zu Erwerbspersonen der Beitragssatz von 18 Prozent ausreicht, um die laufenden Renten (einschließlich der sonstigen Ausgaben der Rentenversicherungsträger) zu finanzieren, wird je nach Fruchtbarkeitsentwicklung folgende Veränderung der Beitragssätze erforderlich (Tabelle 42).

Bei konstanter Fruchtbarkeit ist bis zum Jahr 2000 eine Erhöhung auf 19,4 Prozent, bis 2030 auf 30 Prozent erforderlich. Danach geht der notwendige Satz leicht zurück auf 28,5 Prozent.

Tabelle 42:
Entwicklung des Beitragssatzes für die gesetzliche Altersversorgung von 1976 bis 2070
Beitragssatz in Prozent

Jahr	gleichbleibende Fruchtbarkeit	rückläufige Fruchtbarkeit	ansteigende Fruchtbarkeit
1976	18,0	18,0	18,0
2000	19,4	19,5	19,2
2030	30,0	33,0	22,1
2070	28,5	32,6	18,2

Quelle: Eigene Berechnungen

Bei rückläufiger Fruchtbarkeit steigt der Satz in der Spitze (2030) sogar auf 33 Prozent und bleibt für den Rest des Untersuchungszeitraumes etwa auf diesem Niveau. Lediglich bei ansteigender Fruchtbarkeit ist der Zuwachs mit einem Maximum von 22,1 Prozent wesentlich geringer. Bis 2070 ist sogar fast wieder das Ausgangsniveau von 18 Prozent erreicht.

Nun ist aus heutiger Sicht eine Beitragsbelastung der Einkommen von 30 oder gar 33 Prozent völlig untragbar. Man darf aber nicht übersehen, daß es sich dabei um Projektionen für das Jahr 2030 handelt, eine Zeit, bis zu der auch die Einkommen wesentlich höher sein werden als gegenwärtig.

Wenn heute Spitzenverdiener einer Steuerbelastung (Einkommen- und Kirchensteuer) von über 60 Prozent unterliegen, wozu noch Beiträge für die Altersversorgung kommen, so wird das, mit Ausnahme vielleicht von den Betroffenen, kaum als untragbar empfunden. Selbst bei mäßigen jährlichen Einkommenssteigerungen wachsen aber auch die Masseneinkommen in 50 Jahren in vergleichbare Größenordnungen.

Wenn im Laufe dieser Entwicklung die Steuerprogression gemildert wird, was nur realistisch ist, könnten die Einkommen durchaus stärker mit Sozialabgaben belastet werden. Man muß ja auch berücksichtigen, daß, wie oben dargestellt, die Ausgaben der privaten wie auch der öffentlichen Haushalte für Kinder und Jugendliche relativ gesenkt werden können.

Unter der vorsichtigen Annahme, daß es gelingt, die Arbeitsproduktivität jährlich um 3,5 Prozent zu erhöhen – wie Tabelle 30 zeigt, liegen die gesamtwirtschaftlichen Wachstumsraten zum Teil erheblich darunter –, ergibt sich bei Auslastung des Arbeitskräftepotentials auch eine Erhöhung des Volkseinkommens je Erwerbstätigen um 3,5 Prozent (real).

Unterstellt man, daß die Bruttoeinkommen aus unselbständiger Arbeit je beschäftigten Arbeitnehmer in gleichem Maße steigen, so bedeutet das, daß die Realeinkommen der Arbeitnehmer von 29 300 (1976) über 66 900 (2000), auf 188 000 DM im Jahre 2030 steigen. Würden nun die Bruttoeinkommen im Jahre 2030 mit Abgaben in Höhe von 60 Prozent belastet, verblieben netto noch 75 200 DM. Gemessen am Nettolohn eines Arbeitnehmers im Jahre 1976 von 16 900 ist das immer noch eine durchschnittliche jährliche Zunahme von 2,8 Prozent.

Doch selbst wenn die jährliche Einkommenssteigerung nur zwei Prozent betragen würde, stiegen die Bruttoeinkommen bis 2030 noch auf 85 400 DM. In diesem Fall verbliebe ein Nettolohn in Höhe von 34 300 DM. Das entspräche einer durchschnittlichen jährlichen Zunahme von 1,3 Prozent. Wohlgemerkt, in beiden Fällen handelt es sich um reale Einkommensverbesserungen, die eine entsprechende Anhebung des Lebensstandards ermöglichen.

Bei den vorangehenden Berechnungen wurde stets unterstellt, daß der Anteil der Rentenbezieher innerhalb der älteren Jahrgänge konstant bleibt. Diese Annahme ist nicht ganz korrekt, da der Versicherungsgrad der jüngeren Leute höher ist als der der alten Leute, so daß im Laufe der Zeit auch der Rentneranteil höher werden dürfte.[56] Desgleichen wird die Höhe der Durchschnittsrenten überproportional ansteigen, da die Zahl der Versicherungsjahre je Rentenbezieher zunimmt.

Was die Finanzierung der Krankenversicherung betrifft, so wird der steigende Altenanteil deren Kosten, unabhängig von der Preisentwicklung im Gesundheitssektor, kräftig erhöhen. Bisher wurde jedoch unterstellt, daß die Renten in gleichem Maße steigen wie die Erwerbseinkommen. Dies würde bedeuten, daß bei jährlichem Zuwachs von 3,5 Prozent die durchschnittliche Angestelltenrente von 10 068 DM im Jahre 1976 auf 64 500 DM im Jahre 2030 wächst. Verglichen mit den Nettoeinkommen je Arbeitnehmer von 75 200 DM ergäbe das einen Anstieg des Rentenniveaus von zur Zeit knapp 60 Prozent auf fast 86 Prozent. Die in Tabelle 42 berechneten Beitragssätze sind also keinesfalls erforderlich, um das gegenwärtige Rentenniveau zu halten. Sie würden vielmehr, was meist übersehen wird, eine erhebliche Verbesserung bewirken. Die Beibehaltung des augenblicklichen Rentenniveaus würde folglich eine Belastung der Renten in Höhe von etwa 30 Prozent möglich machen, wenn nicht ohnehin vorher von der bruttobezogenen Rentenanpassung auf die Nettoanpassung übergegangen wird. In dem Fall würden entsprechende Einsparungen bei den Rentenversicherungsträgern auftreten, die zur Finanzierung der Rentenbeiträge zur Krankenversicherung verwendet werden könnten. Zu berücksichtigen ist auch, daß die Krankenversicherungen durch den sinkenden Kinderanteil erhebliche Entlastungen erfahren.

Eine interessante Überlegung stellt Ulrich Geißler[57] mit der Aufteilung der Sozialausgaben des Sozialbudgets nach Empfänger- beziehungsweise Altersgruppen an. In der Ausgangsgleichung ergibt sich

(2) $S_G = S_J + S_E + S_A$
  mit
  S_G = Sozialausgaben insgesamt
  S_J = Sozialausgaben für Kinder und Jugendliche unter 20 Jahren
  S_E = Sozialausgaben für die Bevölkerung im erwerbsfähigen Alter (20 bis 60 Jahre)
  S_A = Sozialausgaben für Leute über 60 Jahre

Um Ausgaben zu erhalten, die von der Bevölkerungszahl unabhängig sind, kann man die gesamten Sozialausgaben je Einwohner im erwerbsfähigen Alter aufteilen auf die gewichteten Ausgaben für die drei Altersklassen, also

(3) $r = r_J\, b_J + r_E + r_A\, b_A$
  mit
  $r = S/P_E$ = Gesamte Sozialausgaben je Person im Erwerbsalter

  $r_J = S_J/P_J$ = Sozialausgaben für Kinder und Jugendliche Einwohner im betreffenden Alter

$r_E = S_E/P_E =$ Sozialausgaben für Personen im Erwerbsalter / Personen im Erwerbsalter

$r_A = S_A/P_A =$ Sozialausgaben für alte Leute / Personen über 60 Jahre

$b_g = \dfrac{P_g}{P_E}$; $b_A = \dfrac{P_A}{P_E}$: Relation Kinder und Jugendliche beziehungsweise alte Leute / Personen im Erwerbsalter

Wird ferner unterstellt, daß sich die Pro-Kopf-Sozialausgaben je Altersgruppe in gleicher Weise verändern wie das Sozialprodukt je Person im Erwerbsalter, läßt sich isoliert der Einfluß der sich ändernden Altersstruktur auf die Sozialleistungsquote ermitteln, und zwar durch

(4) $s_t = s_J \cdot b_{J,t} + s_E + s_A \cdot b_{A,t}$

mit

$s_t = \dfrac{S_t}{BSP_t} = \dfrac{r_t}{\dfrac{BSP_t}{P_{E,t}}} =$ Sozialleistungsquote im Jahre t

$s_g = \dfrac{r_{J,t}}{\dfrac{BSP_t}{P_{E,t}}} = \dfrac{r_{J,o}}{\dfrac{BSP_o}{P_{E,o}}}$

$s_E = \dfrac{r_{E,t}}{\dfrac{BSP_t}{P_{E,t}}} = \dfrac{r_{E,o}}{\dfrac{BSP_o}{P_{E,o}}}$

$s_A = \dfrac{r_{A,t}}{\dfrac{BSP_t}{P_{E,t}}} = \dfrac{r_{A,o}}{\dfrac{BSP_o}{P_{E,o}}}$

Hierbei kennzeichnet der Zeiger o Werte aus dem Basisjahr, der Zeiger t Werte aus dem Berichtsjahr.

Durch Umformung ergibt sich schließlich noch

(5) $S_t = \dfrac{S_{J,t}}{BSP_t} + \dfrac{S_{E,t}}{BSP_t} + \dfrac{S_{A,t}}{BSP_t}$

Ausgangspunkt für die Berechnungen ist die Aufteilung der Leistungen des Sozialbudgets der Bundesrepublik aus dem Jahre 1975 (Tabelle 43 im Anhang). Unter Verwendung der Altersstruktur der deutschen Bevölkerung von 1975 berechnet Geißler die Werte

$s_J = 0{,}111$
$s_E = 0{,}098$
$s_A = 0{,}382$.

Mit Hilfe von Gleichung 3 und der Altersstruktur von 1975 ergibt sich die globale Sozialleistungsquote von 1975 mit

$Sg\ 1975 = 0{,}111 \times \dfrac{16{,}67}{28{,}97} + 0{,}098 + 0{,}382 \times \dfrac{12{,}31}{28{,}97}$
$= 0{,}324 = 32{,}4\ \text{Prozent}.$

Bei konstanter Fruchtbarkeit sinkt die Leistungsquote von 32,4 Prozent auf 29,4 Prozent im Jahr 2000 ab, um bis 2030 auf 38,3 Prozent anzusteigen. Danach geht sie leicht zurück. Bei rückläufiger Fruchtbarkeit ist dieser Verlauf noch ausgeprägter. Hier beträgt das Maximum sogar 40,4 Prozent. Bei ansteigender Fruchtbarkeit sind die Schwankungen nach oben und unten dagegen wesentlich geringer.

Tabelle 44:
Entwicklung der globalen Sozialleistungsquote nach dem Ansatz von Ulrich Geißler, 1975 bis 2070
Quote in Prozent

Jahr	gleichbleibende Fruchtbarkeit	rückläufige Fruchtbarkeit	ansteigende Fruchtbarkeit
1975	32,4	32,4	32,4
2000	29,4	29,0	31,2
2030	38,3	40,4	34,0
2070	36,2	39,3	29,9

Quelle: eigene Berechnungen

Im Falle konstanter Fruchtbarkeit würde die Quote innerhalb von 30 Jahren vom Jahr 2000 bis 2030 im Jahresdurchschnitt um 0,9 Prozent ansteigen. Das ist ein Wert, der in der Vergangenheit regelmäßig überschritten wurde, und der auch bei einem einigermaßen ausreichenden Wirtschaftswachstum durchaus zu verkraften sein wird.

Gegen diese Ergebnisse lassen sich zwar die gleichen Einwände erheben wie gegen die Ansätze weiter vorn, sie bestätigen jedoch, daß unter rationalen Aspekten die Folgen des Bevölkerungsrückganges für das Sozialsystem keinesfalls so dramatisch sind, wie sie verschiedentlich dargestellt werden.[58] Alles in allem gilt, daß eine Erhöhung der Abgaben bei steigendem Einkommen nichts Außergewöhnliches ist. Voraussetzung ist jedoch, daß bei ständig sinkenden Einwohnerzahlen noch ein Wirtschaftswachstum möglich ist, daß sich nicht Wachstumspessimismus oder gar -fatalismus breitmacht aus der irrationalen Überlegung heraus, daß ein schrumpfendes Volk ohnehin keine Zukunftsaussichten mehr hat.

2.5 Gesundheitswesen

Es wäre unsinnig, Aussagen über die Entwicklung der Volksgesundheit für einen Zeitraum bis zu 100 Jahren machen zu wollen. Die medizinischen Fortschritte der Vergangenheit lassen zwar weitere Erfolge für die Zukunft erwarten. Bisher hat sich aber stets gezeigt, daß mit der wirksamen Bekämpfung bekannter Krankheiten neue Leiden auftreten oder an Bedeutung gewinnen, weil sie früher überlagert wurden oder aber gewöhnlich in einem Alter auftreten, das die Menschen erst im Zuge der steigenden Lebenserwartung erreichen.

Es ist jedoch möglich und sinnvoll, einige Überlegungen anzustellen zur potentiellen Auslastung der gegenwärtig vorhandenen Kapazitäten des Gesundheitswesens, seien sie nun personeller oder räumlicher Art. Daraus ergeben sich Anhaltspunkte, welche Anpassungsprozesse im Gesundheitssektor infolge des Bevölkerungsrückganges erforderlich sind.

Einen ersten groben Überblick ergeben globale Versorgungsziffern wie zum Beispiel die Zahl der Einwohner je Krankenhausbett und die Zahl der Einwohner je Arzt. Während jedoch die Zahl der Krankenhausbetten als Ausgangsannahme konstant gesetzt werden kann, muß man berücksichtigen, daß die Zahl der Ärzte nicht unabhängig von der Gesamtbevölkerungszahl ist. Was die Einwohnerzahl betrifft, ist schließlich in Rechnung zu stellen, daß das Auftreten von Krankheiten stark altersabhängig ist, daß also bei der Ermittlung der möglichen Inanspruchnahme von Gesundheitsinstitutionen zumindest die Altersstruktur anzusetzen ist.

Ein wesentlich aussagefähigeres Bild ergibt sich daher, wenn man wie Karl Schwarz[59] von altersspezifischen Krankheitsquoten ausgeht. Basis hierfür bilden die Krankheitsverhältnisse des Jahres 1974, wie sie in einer Zusatzbefragung zum Mikrozensus ermittelt wurden.[60] Berechnet werden die Krankenzahlen unter der Annahme, daß sich die Krankheitshäufigkeit gegenüber dem Basiszeitraum nicht ändert. Die Ergebnisse enthalten also nur den Einfluß der schrumpfenden Bevölkerung und der damit verbundenen Verschiebung in der Altersstruktur.

Tabelle 45 (im Anhang) weist die Krankenzahlen bei den drei unterschiedlichen Annahmen über die Fruchtbarkeit aus. Differenziert wird nach Kranken insgesamt (ohne Unfallverletzte), nach Kranken in ärztlicher Behandlung und nach Patienten in stationärer Behandlung im Krankenhaus.

Bei ansteigender Fruchtbarkeit bleiben die Krankenzahlen weitgehend konstant, da die Bevölkerungszahl nur geringfügig zurückgeht. Bei konstanter und rückläufiger Fruchtbarkeit gehen die Krankenzahlen bis zum Jahre 2000 geringfügig zurück. Danach verstärkt sich der Rückgang. Die Abnahme erfolgt im Vergleich zum Bevölkerungsrückgang insgesamt jedoch nur unterproportional. Dies ist die Folge des steigenden Durchschnittsalters und der damit verbundenen höheren Krankheitshäufigkeit.

Ein Maß für die Inanspruchnahme der 1976 vorhandenen 727 000 Krankenhausbetten ergibt sich durch die Relation „Kranke in stationärer Behandlung zu Krankenhausbetten". Die „Überbelegung" resultiert daraus, daß die Krankenzahlen alle Fälle in einem Zeitraum von vier Wochen umfassen, also keine Stichtagsangaben sind (vgl. Tabelle 46).

Tabelle 46:
Kranke in stationärer Behandlung / Krankenhausbetten
von 1976 bis 2070
— unterschiedliche Fruchtbarkeitsannahmen —

Jahr	gleichbleibende Fruchtbarkeit		rückläufige Fruchtbarkeit		ansteigende Fruchtbarkeit	
	Kranke/ Bett	1976 ≙ 100	Kranke/ Bett	1976 ≙ 100	Kranke/ Bett	1976 ≙ 100
1976	1,8	100	1,8	100	1,8	100
2000	1,6	89	1,6	89	1,8	100
2030	1,4	78	1,4	78	1,6	89
2070	0,8	44	0,7	39	1,6	89

Quelle: eigene Berechnungen

Gleiche Krankheitshäufigkeit vorausgesetzt, wird im Falle konstanter oder rückläufiger Fruchtbarkeit die Inanspruchnahme der Krankenhäuser bis zum Jahre 2000 um rund 11 Prozent zurückgehen, bis 2030 um weitere 11 Prozent. Im Jahre 2070 würden nur noch 44 (gleiche Fruchtbarkeit) beziehungsweise 39 Prozent (rückläufige Fruchtbarkeit) der gegenwärtigen Kapazität benötigt.

Während die Zahl der Krankenhausbetten an die rückläufige Zahl der Patienten angepaßt werden muß, verändert sich normalerweise die Zahl des medizinischen Personals (Ärzte, Krankenschwestern, Pfleger und andere) in etwa mit der der Gesamtbevölkerung. Es erfolgt also eine natürliche Anpassung. Schrumpft die Bevölkerung, sinkt normalerweise auch die Zahl des medizinischen Personals, weil mit schwächer besetzten jüngeren Jahrgängen immer weniger Nachwuchskräfte nachrücken. Die berufliche Situation wird noch dadurch verbessert, daß die Krankheitshäufigkeit mit dem Alter zunimmt, und daß ein großer Teil der Patienten aus älteren, stärker besetzten Jahrgängen stammt als das Gesundheitspersonal.

Lediglich für die Personen, die mit der Betreuung von Kindern zu tun haben (Kinderärzte, Kinderschwestern, Hebammen), ist die Situation genau umgekehrt, da sie im Vergleich zu ihren Patientengenerationen aus zahlenmäßig größeren Jahrgängen stammen. Daher werden die Berufsaussichten für diesen Personenkreis auf längere Sicht auch nicht optimistisch beurteilt.[61] Ähnlich wie bei den Lehrern bietet sich jedoch auch hier die Möglichkeit, die Kinder intensiver als bisher zu betreuen.

Um die Beanspruchung der Ärzte sowie des sonstigen im Gesundheitswesen tätigen Personals zu zeigen, wird in Tabelle 47 unterstellt, daß auf die Ärzte stets der gleiche Anteil der 30- bis 60jährigen, auf das sonstige Personal der gleiche Anteil der 20- bis 60jährigen Bevölkerung entfällt. Danach wird sowohl bei konstanter als auch bei rückläufiger Fruchtbarkeit die Zahl der Ärzte bis zum Jahr 2000 von 122 000 auf 133 000 ansteigen, während das Pflegepersonal in etwa konstant bleibt. Anschließend nehmen beide Personengruppen zahlenmäßig stark ab. Rein rechnerisch dürfte die Zahl der Ärzte bis 2000 sogar noch stärker steigen, da der Anteil der Studierenden bei den jüngeren Jahrgängen nicht nur höher ist, sondern das Medizinstudium zur Zeit sehr beliebt ist.

Betrachtet man die Relation Kranke je Arzt, geht die Inanspruchnahme von 79 Kranken auf 69 Kranke je Arzt im Jahre 2000 zurück. Ceteris paribus würde das eine abnehmende Beschäftigung der Ärzte um etwa 13 Prozent bedeuten, mit der Folge einer relativen Verschlechterung der Einkommenssituation. Die Bundesregierung fürchtet sogar, daß bei den gegenwärtigen Quoten von Medizinstudenten im Jahr 2000 200 000 Ärzte oder mehr vorhanden sein werden. Das würde mit Sicherheit erhebliche Unterbeschäftigung sowie relative, möglicherweise sogar absolute Einkommenseinbußen verursachen. Der Andrang zum Medizinstudium dürfte jedoch ähnlich wie bei den Lehrern nachlassen, wenn erst diese ungünstigen Zukunftsaussichten ausreichend bekannt sind.

Restriktive Maßnahmen sollten, wenn überhaupt, vorsichtig dosiert werden, denn nach der Jahrhundertwende geht die Zahl der Ärzte allein aus demographischen Gründen viel stärker zurück als die ihrer Patienten. In 30 Jahren würde die Zahl der Kranken pro Arzt von 69 auf 89, um 29 Prozent, also noch über das gegenwärtige Niveau hinaus steigen. Eine derartige Entwicklung vertrüge sich sicher nicht mit der Erwartung auch weiterhin verbesserter ärztlicher Betreuung.

Beim Krankenpflegepersonal ergibt sich, wenn auch nicht so gravierend, die gleiche Veränderung in der Inanspruchnahme. Nach einem zwischenzeitlichen Rückgang würde sich bei gleichbleibendem Andrang zu den Pflegeberufen im nächsten Jahrhundert eine erhebliche Überlastung beziehungsweise ein ausgesprochener Mangel an Personal ergeben.

Bisher wurde lediglich die höhere Krankheitshäufigkeit der älteren Menschen berücksichtigt, nicht jedoch Unterschiede in der Art und Dauer der Krankheit. Mit steigendem Alter nimmt der Anteil der chronisch Kranken stark zu und damit auch die Intensität der Inanspruchnahme medizinischer Betreuung. Die Folge ist, daß die Kapazitäten des Gesundheitssektors weit über das bisher ermittelte Maß ausgelastet sein werden, daß also die Zahl der Krankenhausbetten nicht so stark verringert werden muß und daß, zumindest nach der Jahrhundertwende, relativ mehr Ärzte und Pflegepersonen ausgebildet werden müssen.

Im übrigen deutet sich eine zusätzliche Beschäftigung des möglicherweise unausgelasteten medizinischen Personals an: Die Betreuung nicht akut kranker älterer Menschen. Der steigende Anteil alter Leute und die Verbesserung ihrer Einkommenssituation werden dazu führen, daß derartige Dienstleistungen verstärkt benötigt und auch nachgefragt werden.

2.6 Regionale Bevölkerungsverteilung und Infrastruktur

Der Bevölkerungsrückgang wird, wenn auch in unterschiedlichem Ausmaß, alle Regionen der Bundesrepublik betreffen. Dies gilt sowohl direkt durch Geburtendefizite als auch indirekt durch Wanderungsbewegungen, die durch den Bevölkerungsschwund in anderen Gebieten hervorgerufen werden.

Zwar ist die Fruchtbarkeit keinesfalls überall gleich. Sie ist am niedrigsten in den Großstädten München, Hannover, Hamburg und Berlin sowie den industriellen Ballungsgebieten Köln/Bonn und Rhein/Main. Am höchsten ist sie in den vorwiegend landwirtschaftlich geprägten Kreisen. Doch auch dort gibt es kaum noch Gebiete, in denen das Reproduktionsniveau überschritten wird.[62] Selbst wenn sich dort die Fruchtbarkeit nicht noch weiter dem städtischen Niveau anpaßt, wird es auf mittlere Sicht auch in den ländlichen Gebieten zu einem Geburtendefizit kommen. Allerdings würde ohne Binnenwanderung ein gewisser Ausgleich in der Bevölkerungsdichte eintreten.

Die Frage ist nun, in welchem Umfang die Binnenwanderung auf die räumliche Bevölkerungsverteilung einwirkt. Orientiert man sich an den Erfahrungen der Vergangenheit, so ist, wenn es nicht zu bewußten politischen Gegenmaßnahmen kommt, damit zu rechnen, daß sich der Zuzug in die Städte und Ballungsgebiete aus den ländlichen Räumen weiter verstärkt. Die Gründe hierfür liegen in der Entwicklung des Arbeitsplatzangebots und in der Ausgestaltung und Aufrechterhaltung einer zufriedenstellenden Infrastruktur im weitesten Sinne.

Für die weitere Konzentration der Arbeitsplätze in den Ballungsgebieten spricht, daß bereits heute viele Randgebiete so dünn besiedelt sind, daß sich die Ansiedlung größerer Industriekomplexe nicht lohnen würde. Ähnliches gilt auch für spezialisierte Handels- und Dienstleistungsbetriebe. Zu ihrer Aufrechterhaltung reicht vielfach das örtliche Arbeitskräfteangebot nicht aus, es fehlt überdies auch an einer ausreichenden Nachfrage.

Hinzu kommt, daß mit der relativen Abnahme des sekundären Sektors, wobei noch die einfacheren, lohnintensiven Fertigungen ins Ausland verlagert werden, immer weniger Industrien für die ländlichen Räume in Frage kommen. Karl Schwarz[63] betont, daß die zu erwartende Umstrukturierung der Wirtschaft auf die Entwicklung von Innovationen in der Regel nur in den Verdichtungsräumen mit einem breitgefächerten Angebot qualifizierter Arbeitskräfte möglich ist. Wenn dort Einwohner- und Arbeitskräftezahlen sinken, gibt es freie Wohnungen und Arbeitsplätze, die potentiellen Zuwanderern einen Standortwechsel leichter machen.

Wenn in den dünnbesiedelten Gebieten durch Abwanderung der Bevölkerungsrückgang zusätzlich verstärkt wird, geht auch das Angebot an privaten Dienstleistungen mangels ausreichender Nachfrage zurück. Betroffen ist aber auch die öffentliche Infrastruktur, die zwar im Gegensatz zur Privatwirtschaft nicht unbedingt unter Rentabilitätszwang steht, für deren Auslastung jedoch aus Wirtschaftlichkeitsüberlegungen regelmäßig eine bestimmte Einwohnerzahl erforderlich ist. Dies gilt für Schulen, Krankenhäuser, Verkehrseinrichtungen, ja letztlich auch für die allgemeine Verwaltung. In dem Maße, wie derartige Einrichtungen in immer weniger zentralen Orten konzentriert werden, verschlechtern sich jedoch die Lebensbedingungen in den ländlichen Gebieten noch weiter, was die Abwanderungstendenzen zusätzlich verstärkt.

Im übrigen bedeutet eine Konzentration öffentlicher Einrichtungen zwar Einsparungen für den Staat, ein Teil der Kosten wird jedoch den Bürgern angelastet, die für die Inanspruchnahme entsprechend weitere Wege in Kauf nehmen müssen. Bei bestimmten Einrichtungen, wie Schulen, die täglich aufgesucht werden müssen, sind einer Zusammenlegung Grenzen gesetzt. Zwar kann man den Kindern den Schulweg durch den Einsatz von Schulbussen erleichtern, größere Entfernungen als bisher sind dabei aber wohl unzumutbar. Als Alternative böte sich nur an, entweder die Schulgrößen in den dünnbesiedelten Gebieten schrumpfen zu lassen oder aber für Kinder aus abgelegenen Gebieten eine Art Internatsbetrieb einzurichten.

Wie auch immer der Versuch ausgehen wird, Wirtschaftlichkeits- und Versorgungsüberlegungen in Einklang zu bringen, es spricht alles dafür, daß sich die Unterschiede in der Bevölkerungsdichte im Zuge des Bevölkerungsrückganges nicht verringern, sondern noch verstärken.

Auch der Schrumpfungsprozeß in der Landwirtschaft wird dazu führen, daß die ländlichen Regionen, die von der Lage oder Bodenbeschaffenheit her besonders benachteiligt sind, in erster Linie die Mittelgebirge, ihre alteingesessene Bevölkerung unter Umständen völlig verlieren. Solche aufgegebenen Gebiete gibt es, ohne daß ein Bevölkerungsrückgang dafür verantwortlich wäre, in einigen unserer Nachbarländer. Die billigste Lösung wäre zweifellos die, derartige Regionen sich selbst zu überlassen. Erscheint das unvertretbar, weil man etwa jahrhundertealte Kulturlandschaften nicht einfach abschreiben will, müssen neue, großräumige Konzepte der Landschaftspflege entwickelt werden.

Ein gewisser Ausgleich bietet sich in der Umgestaltung der landschaftlich attraktiveren Gegenden zu Ferienlandschaften, sei es, daß von ihren Bewohnern aufgegebene Dörfer zu Feriensiedlungen umgebaut werden, sei es, daß durch die Einrichtung von Naturparks oder die Anlage künstlicher Gewässer der Touristenverkehr angezogen wird. Eine derartige Lösung erscheint jedenfalls billiger als der Versuch, um jeden Preis die Lebensbedingungen der ansässigen Bevölkerung denen in den Ballungsgebieten anzugleichen.

Bei konstanter oder gar rückläufiger Fruchtbarkeit wird der Zustrom aus den ländlichen Gebieten die Bevölkerungszahl der Stadtregionen jedoch nur für kürzere Zeit stabilisieren können. Auf mittlere und längere Sicht werden auch dort die Einwohnerzahlen abnehmen. Sie werden jedoch eher ausreichen, ein differenziertes

Güterangebot zu tragen, wobei, wie weiter vorn erwähnt wurde, der Rückgang in der Zahl der Konsumenten durch die Einkommensverbesserungen zumindest teilweise kompensiert werden kann.

Es ist unwahrscheinlich, daß der Staat angesichts dieser Tendenzen untätig bleibt. Würde der bisherige Grundsatz, mit regionalwirtschaftlichen oder raumordnerischen Maßnahmen möglichst gleichwertige Lebensbedingungen in allen Gebieten der Bundesrepublik zu schaffen, aufrechterhalten, müßten verstärkt öffentliche Mittel in den dünnbesiedelten Gebieten investiert werden, um den latenten Abwanderungsbestrebungen entgegenzuwirken. Ziel des Bundesraumordnungsprogramms ist es, zu erreichen, daß der Bevölkerungsrückgang in den Verdichtungsräumen stärker ausfällt zugunsten der ländlichen Gebiete.[64] Dies wäre zwar unter dem Aspekt einer Beseitigung der augenblicklichen negativen Begleiterscheinungen von Ballungsgebieten wünschenswert, ob eine solche Politik jedoch auch bei einem rascheren Schrumpfen der Bevölkerung erfolgreich ist, erscheint zweifelhaft.

Als Alternative schlägt Karl Schwarz[65] vor, das knapp werdende Bevölkerungspotential in die Räume mit den besten Entwicklungsaussichten zu lenken, in den übrigen Gebieten nur noch eine Grundausstattung an Infrastruktur aufrechtzuerhalten. Das würde allerdings eine radikale Abkehr von der bisherigen Politik bedeuten und wahrscheinlich noch härtere Verteilungskämpfe um die knappen Fördermittel hervorrufen.

Ein Blick in die Vergangenheit zeigt, daß in der Bundesrepublik auch weniger Menschen als in der Gegenwart leben können. Wenn bei konstanter Fruchtbarkeit die Einwohnerzahl bis 2000 auf rund 56 Millionen sinkt, wäre damit der Stand von 1960/61 erreicht. Die 42 Millionen des Jahres 2030 entsprächen der Bevölkerung von 1937 und die 23 Millionen des Jahres 2070 der von 1885. Der Schrumpfungsprozeß der Bevölkerung würde zeitlich also ziemlich genau dem Wachstum der Vergangenheit entsprechen. Allerdings ist dabei zu bedenken, daß die Menschen des Jahres 1937 oder gar des Jahres 1885 noch keinesfalls Anspruch auf die Lebensumstände erhoben, die uns inzwischen selbstverständlich erscheinen.

2.7 Familie

Die Auswirkungen des Bevölkerungsrückganges auf die Familie, die vor allem von Soziologen diskutiert werden[66], sind Folgen der abnehmenden Kinderzahlen in den Ehen, also keinesfalls Resultat insgesamt rückläufiger Einwohnerzahlen. Insofern treffen sie in gleicher Weise auf die übrigen Industrieländer zu, in denen die Fruchtbarkeit in den letzten Jahren erheblich zurückgegangen ist, obwohl die Bevölkerung dank einer breiten Basis der Alterspyramide immer noch wächst.

Hans Joachim Hoffmann-Nowotny[67] nennt fünf Bereiche, in denen die niedrigen Kinderzahlen Konsequenzen für den sozialen Mikrobereich der Familie haben. Es sind dies

– der Status der Frau,
– die Ehegattenbeziehungen,
– die Eltern-Kindbeziehungen,
– die Situation des Kindes,
– die weiteren Verwandtschaftsbeziehungen.

Hier sollen nur die wichtigsten Aussagen referiert werden. Sie sind keinesfalls unumstritten, was angesichts der komplexen Wirkungszusammenhänge nicht verwunderlich ist. Hinzu kommt, daß sie die zukünftige Entwicklung betreffen und folglich spekulativen Charakter haben.

Eine Frau, die keine oder nur wenige Kinder hat, ist eher bereit und in der Lage, erwerbstätig zu sein und sich so der traditionellen Rollenverteilung zu entziehen. Dabei ist es unerheblich, was Wirkung und was Ursache der zunehmenden Erwerbstätigkeit der Frauen ist. Durch empirische Untersuchungen wird bestätigt, daß die Traditionalität der Rollenstruktur mit der Zahl der Kinder zunimmt.[68]

Erwerbstätigkeit und Kinderzahl beeinflussen jedoch nicht nur die Rolle der Frau, sie wirken auch auf das Verhältnis der Ehegatten zueinander. Da ist einmal die größere Selbständigkeit einer erwerbstätigen Frau, die über ein eigenes Einkommen und eigene gesellschaftliche Kontakte verfügt. Außerdem erleidet eine Ehe ohne oder mit nur wenigen Kindern einen gewissen Funktionsverlust, da die Geburt und das Aufziehen der Kinder ganz oder teilweise wegfallen. Dies bedeutet zwangsläufig eine stärkere wechselseitige emotionale Fixierung der Ehegatten, die zwar die Intensität des Zusammenlebens erhöht, andererseits aber auch die Gefahr einer rascheren Ehelösung in sich birgt.

Die Beziehung der Ehepartner zueinander beeinflußt auch das Eltern-Kindverhältnis. Herrscht zwischen den Eltern ein mehr partnerschaftliches Verhältnis, werden auch die Kinder weniger in ein System der Über- und Unterordnung hineinwachsen. Gleichzeitig wird auch ihr späteres Rollenverständnis geprägt. Besteht zwischen Vater und Mutter bei Erwerbstätigkeit und Haushaltsführung eine klare Trennung, übernehmen die Kinder im Sozialisationsprozeß eher die geschlechtsspezifischen Rollenvorstellungen.

Bei der Beurteilung der Situation der Kinder konzentriert sich das Interesse vornehmlich auf die Einzelkinder. Deren Situation wird vielfach als problematisch angesehen, weil zum einen die Aufmerksamkeit der Eltern sich ungeteilt dem Kind zuwendet und so dessen Entwicklung zur Eigenständigkeit behindern könnte. Zum anderen wird befürchtet, daß Einzelkindern die Auseinandersetzung mit Geschwistern fehlt, so daß es ihnen schwerer wird, sich in eine Gemeinschaft einzuordnen. Diese Hypothesen halten jedoch einer wissenschaftlichen Untersuchung nicht stand oder sind zumindest überzogen. Hoffmann-Nowotny[69] kommt zu dem Schluß, daß die Frage, ob die Ein- oder Mehrkindfamilie der kindlichen Entwicklung günstiger ist, im Augenblick nur in Teilaspekten beantwortet werden kann. Jedenfalls bieten die bekannten empirischen Untersuchungen kein eindeutiges Bild.

Der Trend zur Klein- oder Kleinstfamilie beeinträchtigt zwangsläufig die unmittelbaren Verwandtschaftsbeziehungen, die früher einen großen Teil der sozialen Interaktionen ausmachten. Ob damit eine zunehmende Isolierung der Familien einhergeht, läßt sich nicht generell sagen. Die größere zeitliche und finanzielle Unabhängigkeit eröffnet jedoch die Chance, statt dessen nichtfamilienbezogene Beziehungen aufzubauen.

Alles in allem läßt sich feststellen, daß die abnehmende Familiengröße wesentliche soziale Veränderungen mit sich bringt. Eine definitive Aussage über die Auswirkungen ist jedoch nicht möglich, geschweige denn eine abschließende Wertung.

2.8 Gesellschaft und Politik

Der Bevölkerungsrückgang wird, wie alle gesellschaftlichen Veränderungen, auch Auswirkungen auf die Gesellschaft und auf das politische Leben in der Bundesrepublik sowie auf die Beziehungen zu den europäischen Nachbarländern und schließlich auch auf die Einflußnahme in der Weltpolitik haben.

Nach verbreiteter Meinung führt der Alterungsprozeß der Bevölkerung zur Verstärkung konservativer Strömungen, denn Altern bedeutet primär „Abnahme des Unbestimmten und Zunahme des Festgelegten".[70] Dies wiederum könnte im Extremfall zu Erstarrung führen, derart, „daß politische und soziale Strukturen gefestigt werden und wirtschaftliche, politische und soziale Innovationen, deren Umfang angesichts der sich abzeichnenden Probleme noch zunehmen müßte, verzögert werden oder sogar gänzlich unterbleiben".[71]

Franz Xaver Kaufmann[72] weist darauf hin, daß Altern keinesfalls generell mit Konservativismus gleichzusetzen ist, so daß sich „die Häufigkeit gewisser Eigenschaften, Einstellungen und Verhaltensweisen nicht so stark ändert wie die Altersverteilung".[73] Konservativismus ist in vielen Fällen eine Reaktion auf eine tatsächliche oder vermutete Bedrohung des Erreichten, etwa durch die Jugend, die Anteil- und Einflußmöglichkeiten sucht und die Situation in ihrem Sinne zu verändern trachtet. Wenn dieser Druck als Folge der abnehmenden Masse geringer wird, besteht auch weniger die Notwendigkeit, Verteidigungspositionen einzunehmen.

In jüngster Zeit gibt es zunehmend Beispiele dafür, daß alte Menschen ein neues Selbstbewußtsein entwickeln oder ihr bisheriges Selbstbewußtsein nicht bei der Pensionierung aufgeben, sondern sich bemühen, die verbleibenden Lebensjahre aktiv zu gestalten. Kaufmann betont, daß es häufig die kollektiven Klischeevorstellungen von ,,Alter" und ,,Jugend" sind, die den alternden Menschen beeinflussen und in ihm das Altersgefühl hervorrufen, das seinen Charakter und sein soziales Verhalten nachteilig verändert. Der steigende Anteil alter Menschen könnte also die Chance bieten, die Altersproblematik positiv zu verändern. Es steigt nicht nur der politische Einfluß. Wie weiter vorn dargelegt wurde, könnte der schrumpfende Arbeitsmarkt dazu führen, daß auch die Arbeitskraft und Leistungsfähigkeit der Alten noch benötigt wird.

Steigender Lebensstandard und verbesserte Gesundheit dürften ebenfalls dazu beitragen, das Selbstwertgefühl der alternden Menschen zu stabilisieren, so daß sie bereit sind, am gesellschaftlichen und politischen Leben teilzunehmen. Ihr Beitrag muß dabei nicht zwangsläufig konservativ im negativen Sinne sein.

Die außenpolitische Situation der Bundesrepublik könnte mit schrumpfender Bevölkerung schlechter werden, wenn Bevölkerungszahl und Bevölkerungswachstum mit politischer Potenz gleichgesetzt werden. Davon kann zur Zeit wohl nur in besonders extremen Fällen die Rede sein, etwa im Fall der Volksrepublik China. Löst man vielmehr politischen Einfluß auf in die Komponenten moralisches Ansehen sowie wirtschaftliche und militärische Leistungsfähigkeit, so wird klar, daß ein Bevölkerungsrückgang nicht zwangsläufig mit einem Verlust politischer Potenz verbunden ist. Das moralische Ansehen wird erworben durch die Persönlichkeit der Spitzenpolitiker oder durch eine vorbildhafte Gesellschaftsordnung und ist insofern nicht an die Bevölkerungszahl geknüpft. Militärische Macht dürfte in Zukunft immer weniger eine Frage der

Menschenzahl sein, sondern vielmehr abhängen vom Stand der Technologie und der Wirtschaftskraft. Die wiederum kann zwar von der Größe des Arbeitskräftepotentials beeinflußt werden, ist aber, wie die heutigen Entwicklungsunterschiede zeigen, darüber hinaus von einer Vielfalt sonstiger Faktoren abhängig.

Die größten Auswirkungen des Bevölkerungsrückganges werden sich für die Bundesrepublik im europäischen Rahmen, genauer in der Europäischen Gemeinschaft ergeben. Wenn die Integration weiter vorankommt und die Mitgliedsländer irgendwann einmal zu einer politischen Gemeinschaft zusammenwachsen werden, erhält die Stimmenzahl für den politischen Einfluß größeres Gewicht. Hier würde also die Bundesrepublik, genauer die deutsche Bevölkerung, relativ an Gewicht verlieren. Allerdings kann man davon ausgehen, daß der Bevölkerungsrückgang, wenn er tatsächlich in der Bundesrepublik dauerhaft sein sollte, in absehbarer Zukunft auch die übrigen europäischen Kernländer erfaßt.

Die Situation würde sich jedoch grundlegend ändern, wenn die Europäische Gemeinschaft um weitere Länder, etwa Spanien oder die Türkei, erweitert würde. In diesen Ländern würde im Laufe der Zeit zwar auch die Fruchtbarkeit abnehmen, sie wäre aber auf Jahrzehnte hinaus in Verbindung mit der günstigen Altersstruktur hoch genug, um für ein weiteres Bevölkerungswachstum zu sorgen.

Man sollte jedoch die nationalen Stimmenzahlen nicht überbewerten. Eine echte politische Integration erfordert nicht, daß nationale Eigenständigkeiten aufgegeben werden, sie erfordert jedoch, daß die europäische Bevölkerung durch übergreifende politische Parteien repräsentiert wird. Wie so etwas funktionieren kann, wird auf der Ebene der jetzigen Nationalstaaten – etwa durch die Schweiz oder Belgien – demonstriert, wo unterschiedliche Volksgruppen leben, die auch durch verschiedene Sprachen getrennt sind.

Im übrigen dürfte gerade die europäische Integration dafür sorgen, daß der Bevölkerungsrückgang in der Bundesrepublik schwächer ausfällt als es der Entwicklung der Geburtenzahlen entspräche.

Wenn nämlich die deutsche Bevölkerung im Vergleich zu der der übrigen Mitgliedsländer der EG relativ sinkt, wird die Freizügigkeit dafür sorgen, daß kein größeres Vakuum an attraktiven Arbeitsplätzen oder Wohnungen entsteht. Die dichtbesiedelte und hochentwickelte Bundesrepublik würde sich dann im Vergleich zu den europäischen Nachbarländern in einer Situation befinden, wie sie jetzt in der Bundesrepublik für die Ballungsgebiete gegenüber den ländlichen Räumen charakteristisch ist. In einem solchen Fall wären alle Aussagen, die an einen stärkeren Bevölkerungsrückgang geknüpft wurden, entsprechend zu modifizieren. Eine derartige Zuwanderung hätte auch, im Gegensatz zum Zuzug ausländischer Arbeitnehmer in den vergangenen Jahren, keinesfalls mehr unterschichtenden Charakter. Da die beruflichen Chancen in der Bundesrepublik vornehmlich von jüngeren, mobileren Leuten wahrgenommen würden, ergäbe sich überdies eine gewisse Verjüngung der Bevölkerungsstruktur. Wenn also die europäische Integration einen gewissen Bedeutungsverlust für die Bundesrepublik bewirken kann, so gibt sie ihr andererseits auch die Chance, den Bevölkerungsrückgang durch Zuwanderungen aus den Nachbarländern zu mildern.

3. Ausblick

Das generative Verhalten der Menschen ist von vielen Einflüssen bestimmt, die aus der jeweiligen gesellschaftlichen Situation zu erklären sind. Aus diesem Grund ist es problematisch, die Geburtenentwicklung aufgrund von Annahmen vorauszuberechnen, die auf den gegenwärtigen Zuständen und Einsichten basieren. Dies gilt um so mehr, je weiter die Ergebnisse in die Zukunft hineinreichen. Aus dieser unbestreitbaren Tatsache leiten Kritiker vielfach die Schlußfolgerung ab, daß es überhaupt unseriös sei, die Bevölkerungsentwicklung für einen längeren Zeitraum vorauszuberechnen. Dabei wird allerdings übersehen, daß auch Aussagen über Zeitreihen, die für demographische Veränderungen relativ kurz sind, zum Beispiel 15 Jahre, nur scheinbar verläßliche Ergebnisse bringen. Die Erfahrung zeigt, daß die jeweiligen Zahlen bereits nach kurzer Zeit revidiert werden mußten. Das Problem liegt jedoch keinesfalls in der Treffsicherheit der Ergebnisse, sondern in der Langfristigkeit demographischer Prozesse und ihrer zeitlichen Interdependenz. Sie können daher auch nur durch gleichermaßen langfristige Vorausberechnungen überschaubar gemacht werden. Wenn zur Zeit immer weniger Kinder geboren werden, gibt es in 20 bis 60 Jahren entsprechend weniger Arbeitskräfte und damit Leute, die Steuern und Sozialabgaben bezahlen. Es sinkt aber auch die Zahl potentieller Eltern und, wenn diese sich in ihrer Geburtenfreudigkeit nicht ausgesprochen antizyklisch verhalten, erfolgt ein erneuter Rückgang der Kinderzahlen. Diese Wellenbewegung setzt sich im Generationenabstand fort und es besteht die Gefahr, daß es, bei insgesamt zu niedriger Fruchtbarkeit, zu einem kumulativen Schrumpfungsprozeß kommt, der, wenn überhaupt, nur auf einem sehr viel niedrigeren Niveau zum Stillstand gebracht werden kann.

Angesichts dieser Konsequenzen ist es nicht nur zulässig, sondern unbedingt notwendig, zu untersuchen, was geschehen kann, wenn die Geburtenfreudigkeit so niedrig bleibt wie in der Gegenwart oder gar noch weiter zurückgeht. Ein Verzicht auf langfristige Berechnungen wäre vergleichbar dem Verhalten eines Autofahrers, dem auf einer leicht abfallenden Landstraße Zweifel an der Funktionstüchtigkeit seiner Bremsen kommen, der aber, da er die vor ihm liegende Straße nur ein kurzes Stück überblicken kann, sich keine Gedanken über den ferneren Verlauf macht, sondern höchstens darauf vertraut, daß Straßen nicht immer bergab führen. Würde er statt dessen auch die Möglichkeit in Betracht ziehen, daß hinter seinem Horizont eine Gefällestrecke beginnt, würde er unter Umständen seine Geschwindigkeit rechtzeitig herabsetzen und nicht erst warten, bis er Gewißheit darüber hat, daß sein Tempo zu hoch ist und kaum noch abgebremst werden kann.

Demographische Vorausberechnungen müssen nicht einmal besondere Gefällestrecken in Rechnung stellen. Sie ermitteln lediglich, wie sich das Tempo des Schrumpfungsprozesses erhöht, wenn die Straßenneigung, das Fruchtbarkeitsniveau, so bleibt wie bisher. Während aufgrund dieser Annahme die Beschleunigung ausgerechnet werden kann, bleibt die Frage nach der Lenkbarkeit des Fahrzeuges offen. Mit anderen Worten, der Rückgang der Bevölkerungszahl läßt sich zwar bei gegebenen Prämissen exakt ausrechnen. Was für Konsequenzen sich daraus ergeben, ist jedoch umstritten. Kann sich die Bundesrepublik auch bei einem ständigen Schrumpfen der Bevölkerung weiter positiv entwickeln oder ist statt dessen ein gesellschaftlicher Niedergang, zumindest relativ im Vergleich zu anderen expandierenden Völkern, unausweichlich?

Die vorangegangenen Überlegungen sollten zeigen, daß ein übertriebener Pessimismus nicht angebracht ist. Unsere Gesellschaft hat in den letzten Jahren und Jahrzehnten ein hohes Maß an Anpassungsfähigkeit bewiesen, indem trotz zweier Weltkriege und einiger wirtschaftlicher Krisen die Probleme einer ständig wachsenden Bevölkerung gelöst wurden. Eine Flexibilität in anderer

Richtung ist also keineswegs von vornherein auszuschließen. Der mögliche Bevölkerungsrückgang vollzieht sich auch nicht schlagartig, sondern langsam und kontinuierlich und bietet so die Chance einer rechtzeitigen Anpassung.

Zweifellos werden in den verschiedenen gesellschaftlichen Bereichen Probleme auftreten, Probleme, die bei einer konstanten Bevölkerungszahl irrelevant wären und die um so gravierender sind, je rascher die Bevölkerung schrumpft. Diese Schwierigkeiten lassen sich bei einer vorausschauenden Politik beheben, zumindest aber mildern. Ansätze für derartige Anpassungsstrategien wurden von Fall zu Fall deutlich gemacht. Demgegenüber wurden bewußt keine bevölkerungspolitischen Alternativen aufgezeigt. Wenn also ein stärkerer Bevölkerungsrückgang in der Bundesrepublik aus weltanschaulichen Gründen für unerträglich gehalten wird, oder wenn die Konsequenzen anders, hier pessimistischer beurteilt werden, oder, schließlich, wenn eine aktive Bevölkerungspolitik mit dem Ziel einer Stabilisierung der Einwohnerzahl alles in allem für vernünftiger gehalten wird als eine Politik der Anpassung an oder der Reaktion auf den Bevölkerungsrückgang, ist zu überlegen, wie dieses Ziel im Rahmen unserer Gesellschaftsordnung erreicht werden kann.

Falsch wäre es jedoch in jedem Falle, nichts zu tun in der trügerischen Hoffnung, es werde sich alles schon irgendwie von selbst regeln. Dieser Eindruck könnte in den nächsten Jahren entstehen, weil sich der Schrumpfungsprozeß zunächst in recht engen Grenzen hält und auch die Auswirkungen kaum spürbar sein dürften. Später, etwa vom Jahre 2000 an, beschleunigt sich der Rückgang jedoch und es erhöht sich das Risiko unerwünschter Wirkungen. Es gilt daher, entweder rechtzeitig neue Verhaltensweisen und politische Anpassungsstrategien zu entwickeln, um mit den möglichen Folgen des Bevölkerungsrückgangs fertig zu werden, oder Maßnahmen zur Stabilisierung der Bevölkerungszahl zu ergreifen.

Eine Politik der Anpassung an den Bevölkerungsrückgang ist deshalb neuartig, weil bisher die gesamte Aktivität auf Expansion aller gesellschaftlichen Bereiche ausgerichtet war. Diese Expansion wurde in der Vergangenheit erleichtert durch das kräftige Wirtschaftswachstum. Dadurch hatte der Staat die Möglichkeit, etwa das Bildungs- und das Gesundheitswesen auszubauen. Dennoch blieb regelmäßig noch eine Erhöhung der Realeinkommen und eine Steigerung des Lebensstandards. Doch auch eine Kontraktion der gesellschaftlichen Bereiche kostet Geld. Die Subventionierung von besonders betroffenen Regionen und Wirtschaftszweigen, die Förderung von Umschichtungen und Umstrukturierungen auf dem Arbeitsmarkt erfordern erhebliche öffentliche Finanzaufwendungen, so daß sich die Steuerlastquote entsprechend erhöht.

Um trotzdem den Lebensstandard weiterhin zu verbessern, müssen die Einkommen entsprechend stärker wachsen. Ob dazu das vielzitierte Nullwachstum – die Konstanz des Sozialprodukts – allein ausreicht – wodurch bei rückläufiger Bevölkerungszahl das Pro-Kopf-Einkommen steigt –, ist höchst zweifelhaft. Zum einen dürften die Zuwächse dann zu gering sein. Wesentlicher erscheint jedoch, daß nach dem gegenwärtigen Stande der Möglichkeiten einer Steuerung des Wirtschaftslebens die Gefahr besteht, daß eine derart stagnierende Wirtschaft über kurz oder lang in einen sich beschleunigenden Schrumpfungsprozeß einmündet.

Die Aussichten auf ein ausreichendes Wirtschaftswachstum sind aber bei rückläufiger Bevölkerungszahl ungünstiger als im umgekehrten Fall. Es besteht nicht nur ein bestimmtes Risiko, daß die Nachfrage nach Konsumgütern und als Folge davon nach Investitionsgütern zu gering ist, es kann auch zu Engpässen bei der Produktion kommen, weil der Arbeitsmarkt zu unergiebig oder zu inflexibel ist. Je weniger private Initiative bei der Überwindung dieser Schwierigkeiten entwickelt wird, sei es durch erhöhte Flexibilität bei den Erwerbstätigen, sei es durch steigende Risikobereitschaft der Unternehmer bei der Erschließung neuer Märkte oder zusätzlicher Arbeitskraftreserven, um so mehr wird sich der Staat – bereitwillig oder notgedrungen – veranlaßt sehen, regulierend auch in die Bereiche einzugreifen, die bisher privaten Entscheidungen vorbehalten waren. Ein derart wachsender Staatsinterventionsraum würde aber letztlich nur die Tendenzen verstärken, die bei alternden Bevölkerungen verschiedentlich befürchtet werden: abnehmende Initiative und Bereitschaft zur gesellschaftlichen Erneuerung, statt dessen steigendes Sicherheitsstreben und zunehmende Unbeweglichkeit. Damit würde eine Entwicklung festgeschrieben werden, die ursprünglich abgewendet werden sollte.

Angesichts dieser Unsicherheiten liegt der Versuch nahe, durch eine aktive Bevölkerungspolitik die Geburtenfreudigkeit zu erhöhen und die Bevölkerungszahl zu stabilisieren. Die Wirksamkeit bevölkerungspolitischer Instrumente ist aber bisher zu Recht umstritten. Noch ist kein Land bekannt, in dem es gelungen wäre, die Fruchtbarkeit dauerhaft zu erhöhen. Soweit Erfolge erzielt werden konnten, stellten sie sich meist nach kurzer Zeit als Strohfeuer heraus. Nach einem anfänglichen Geburtenberg folgte regelmäßig ein entsprechendes Tal, die Zunahme der Geburtenzahl war wesentlich auf eine Vorverlegung generell geplanter Geburten zurückzuführen.

Wenn heute der Rückgang in der Fruchtbarkeit auf einen grundlegenden Wandel im Wertesystem der jungen Leute zurückgeführt wird, so läßt sich daran mit politischen Maßnahmen, die in der Regel materieller Natur sind, nur schwer etwas ändern. Es sei denn, es wird sehr viel Geld aufgewendet, um auf diese Weise indirekt auch immaterielle Vorstellungen zu beeinflussen nach dem Motto, daß alles, wofür viel gezahlt wird, auch einen besonderen Wert hat. Ob die Bereitschaft unserer Gesellschaft, die damit zwangsläufig verbundenen starken Einkommensumverteilungen zu akzeptieren, vorhanden ist, erscheint zweifelhaft.

Wenn hier die Wirksamkeit bevölkerungspolitischer Maßnahmen in Frage gestellt wird, so soll damit keinesfalls die Forderung vertreten werden, daß der Staat nicht mehr als bisher für Leute tun soll, die bereit sind, Kinder zu bekommen und aufzuziehen. Da in unserer Gesellschaft der Lebensunterhalt aller ihrer Mitglieder dadurch gewährleistet wird, daß die jeweils Erwerbstätigen Teile ihres Einkommens für die noch nicht oder nicht mehr Aktiven abtreten, ist es ungerecht, die Lasten für das Aufziehen der Kinder im wesentlichen nur den Eltern aufzubürden, während ein immer größerer Teil der aktiven Bevölkerung diese Lasten durch den Verzicht auf Kinder vermeidet. Zwar kann es nicht Aufgabe eines freiheitlichen Staates sein, dem einzelnen vorzuschreiben, wieviel Kinder er haben soll; es geht hier nur um eine gleichmäßigere Verteilung der Kosten, die Kinder verursachen. Dies ist aber nicht Aufgabe einer Bevölkerungspolitik, sondern der Familienpolitik.

Während die Erfolgsaussichten einer Bevölkerungspolitik zweifelhaft sind, dürfte eine entsprechende Familienpolitik stets erfolgreich sein, denn ihr Ziel ist nicht eine Erhöhung der Kinderzahl, sondern eine Verbesserung des Familienlastenausgleiches. Sollte sie zusätzlich als Nebeneffekt auch noch eine Erhöhung der Geburtenfreudigkeit bewirken, so wäre das nur positiv. Die beiden übrigen Möglichkeiten zur Stabilisierung der Bevölkerungszahl kommen kaum oder nur sehr bedingt in Betracht. Eine Verringerung der Sterblichkeit wird immer angestrebt werden, und sicher wird es in Zukunft hier auch weitere Verbesserungen geben. Angesichts der ohnehin niedrigen Sterblichkeit bei den jungen Menschen lassen sich nennenswerte Erfolge nur bei den alten Leuten erzielen. Insgesamt wird sich die Bevölkerungszahl dadurch aber nur unwesentlich erhöhen.

Was schließlich die Zuwanderung aus dem Ausland betrifft, so sind sich die Experten darüber einig, daß eine weitere Erhöhung des Ausländeranteils, zumindest in der gegenwärtigen Zusammensetzung, mehr Nachteile als Vorzüge bringt. Da weder die Integrationsfähigkeit der Ausländer noch die Integrationsbereitschaft der Deutschen ausreicht, um den Zuwanderern und ihren Nachkommen Chancengleichheit für einen sozialen Aufstieg zu gewährleisten, besteht die Gefahr zusätzlicher gesellschaftlicher Konflikte.

Lediglich für den Fall einer politischen Integration Europas, die zu einer wirklichen Freizügigkeit entsprechend den Arbeitsmarktbedingungen führt, könnte ein gewisser Bevölkerungsausgleich ohne die genannten negativen Begleiterscheinungen erfolgen.

Wenn die Wandernden aus eng verwandten Kulturkreisen kommen und infolge ihrer Vorbildung nicht auf der untersten gesellschaftlichen Stufe anfangen müssen, wird auch eine Integration wesentlich leichter fallen. Die Bevölkerungsgewinne, die die Bundesrepublik auf diese Weise erzielen könnte, dürften allerdings quantitativ nicht besonders groß sein.

Alles in allem ist es kaum möglich, klare Strategien zu umreißen, mit denen auf den Geburtenrückgang reagiert werden sollte. Zur Zeit ist das Problembewußtsein der Politiker allerdings erfreulich groß, so daß damit zu rechnen ist, daß zumindest etwas geschieht. Die Gefahr ist nur, daß dabei allzusehr politische Augenblickserfolge, die sich in Wählerstimmen ummünzen lassen, angestrebt werden. Nach einiger Zeit wird dann das Thema langweilig und es drängen sich andere Probleme in den Vordergrund. So war es in jüngster Zeit mit den Fragen zur Lebensqualität, die rasch abgelöst wurden durch die Schwierigkeiten auf dem Arbeitsmarkt. Obwohl sich dort eigentlich nichts Grundlegendes geändert hat, hat doch das öffentliche Interesse bereits merklich nachgelassen. Die Langfristigkeit demographischer Phänomene und die erforderlichen Anpassungsprozesse machen jedoch auch eine entsprechend angelegte Politik erforderlich. Zumindest die Weichen hierfür könnten jetzt, da die notwendige Bereitschaft besteht, gestellt werden. Aufgabe der Wissenschaft ist es dann, in den Folgejahren dafür zu sorgen, daß die Probleme nicht gänzlich in Vergessenheit geraten.

4. Zusammenfassung

In den vergangenen Jahrhunderten wuchs die Bevölkerung zunächst nur langsam. Etwa ab 1950 setzt ein beispielloser Boom ein, der die Einwohnerzahlen aller Kontinente in die Höhe trieb. Das Wachstumstempo war jedoch ganz unterschiedlich. Spitzenreiter waren Lateinamerika und Afrika, am unteren Ende rangierten Nordamerika und Europa. Die unterschiedlichen Zuwachsraten haben entsprechend die Bevölkerungsgewichte zwischen den Erdteilen verschoben. Dieser Trend wird sich auch in Zukunft fortsetzen. Während gegenwärtig die Industrieländer kaum noch wachsen, wird in den meisten Entwicklungsländern noch mit einer erheblichen Zunahme der Einwohnerzahlen gerechnet. Allerdings gibt es auch dort einzelne Anzeichen für eine Verlangsamung des Wachstumstempos.

In einigen westlichen Industrieländern, so in der Bundesrepublik und in Großbritannien, gehen seit einigen Jahren die Einwohnerzahlen bereits leicht zurück. Auch in den übrigen Ländern nehmen die Zuwachsraten ab. Die Verlangsamung des Bevölkerungswachstums und schließlich der Übergang zu einem Schrumpfen ist offenbar ein Prozeß, der generell alle Industrieländer betrifft. Inzwischen liegt die Fruchtbarkeit, von einigen Ausnahmen abgesehen, überall unter dem Niveau, das erforderlich ist, um auf lange Sicht die Bevölkerungszahl zu stabilisieren. Allein die günstige Altersstruktur bewirkt, daß die meisten Industrieländer gegenwärtig dennoch wachsen. Wenn es viele junge Leute und relativ wenige alte Menschen gibt, werden auch bei geringer Fruchtbarkeit mehr Kinder geboren als Menschen sterben. Dies ist aber nur eine vorübergehende Erscheinung.

Charakteristisch für alle Industrieländer ist die starke Zunahme der Geburtenzahlen in den sechziger Jahren und der anschließende Rückgang. Dies wird in den nächsten Jahrzehnten zu einer starken Verschiebung der Altersstruktur führen. Auf mittlere Sicht werden die Kinderanteile zurückgehen, die Anteile der Personen im mittleren Alter ansteigen, während der Anteil alter Menschen vergleichsweise niedrig bleibt. Dies ändert sich in etwa 50 Jahren, wenn die stark besetzten Jahrgänge der sechziger Jahre ins Rentenalter kommen. Dann wird der Anteil alter Leute erheblich zunehmen, während gleichzeitig der Anteil der Personen in mittleren Jahren kleiner wird. Diese Entwicklung ist zwar kennzeichnend für alle westlichen Industrieländer, sie betrifft die Bundesrepublik, geht man von den bisherigen Tendenzen aus, jedoch am stärksten.

Bis 1973 wuchs die Bevölkerung der Bundesrepublik von 50,3 Millionen (1950) auf 62,1 Millionen (1974). Hierzu trug sowohl der Geburtenüberschuß wie auch der positive Wanderungssaldo bei. Seit 1972 sterben in der Bundesrepublik mehr Menschen als Kinder geboren werden. Seit 1974 ist auch die Auswanderung höher als die Einwanderung, so daß die Einwohnerzahl seither leicht rückläufig ist. Besonders ausgeprägt ist der Rückgang bei den Geborenenzahlen. Während 1964 auf dem Höhepunkt der sogenannten demographischen Welle über 1 Million Kinder geboren wurden, sind es gegenwärtig weniger als 600 000. Ursache hierfür ist in erster Linie eine Änderung des generativen Verhaltens. Die jungen Leute wollen heute weniger Kinder haben als vergleichbare Generationen früherer Jahre. Sie haben überdies die Möglichkeit, die Kinderzahl ihren Vorstellungen anzupassen.

Die Motive liegen in einer grundlegenden Veränderung des Wertesystems der jungen Ehepaare. Entscheidend ist der Wandel im Rollenverständnis der Frauen, die ihre Aufgabe nicht mehr in erster Linie als Mütter sehen, sondern die nach anderen Formen der Selbstbestätigung suchen. Hinzu kommen materielle Überlegungen, etwa das sinkende Familieneinkommen und der Rückgang des gewohnten Lebensstandards, oder aber die mangelnde Bereitschaft, zugunsten von Kindern auf die bisherige persönliche Unabhängigkeit zu verzichten. Schließlich mag auch die generelle Kinderfeindlichkeit unserer Gesellschaft eine Rolle spielen, die zwar seit neuestem auf die Gefahren zu niedriger Kinderzahlen hinweist, bislang aber wenig tut, um die Lebensbedingungen von Familien mit Kindern zu verbessern.

Da zur Zeit die Fruchtbarkeit in der Bundesrepublik um etwa ein Drittel unter dem Niveau liegt, das zu einer langfristigen Stabilisierung der Bevölkerungszahl erreicht werden müßte, ist ein Schrumpfen der Bevölkerung zwangsläufig, es sei denn, es käme in den nächsten Jahren zu einem erheblichen Ansteigen der Geburtenfreudigkeit. Dafür gibt es aber noch keinerlei Anzeichen. Da überdies, wenn man von Querschnittdaten eines Jahres, die durch zeitliche Verschiebungen beeinflußt werden können, absieht, die Fruchtbarkeit eigentlich schon seit Jahrzehnten unter dem erforderlichen Niveau liegt, spricht eigentlich alles dafür, daß die Einwohnerzahl der Bundesrepublik zurückgehen wird, es sei denn, es käme zu starken Zuwanderungen aus dem Ausland. Da dies weder erwünscht ist noch erwartet wird, fragt sich, in welchem Ausmaß die Bevölkerung sinkt und welche Konsequenzen sich daraus für die Weiterentwicklung des deutschen Sozialsystems ergeben.

Angesichts der Unsicherheit, Prognosen über demographische Entwicklungen abzugeben, wurden lediglich drei Vorausberechnungen aufgrund präziser Annahmen über die Veränderung der Fruchtbarkeit gemacht, bei Konstanz der Sterblichkeit und ohne den Einfluß von Wanderungen. Es handelt sich dabei um Entwicklungen, die zwar tendenziell eintreten können, über deren Realisierbarkeit aber keinerlei Wahrscheinlichkeitsaussagen zu machen sind. Falls die Fruchtbarkeit auf dem gegenwärtigen Niveau bleibt, sinkt die Einwohnerzahl von rund 61 Millionen über 56 Millionen im Jahr 2000 auf 42 Millionen im Jahr 2030. Wenn die Fruchtbarkeit noch weiter zurückgeht, verstärkt sich auch der Schrumpfungsprozeß. Steigt dagegen die Fruchtbarkeit in den nächsten zehn Jahren wieder auf das Reproduktionsniveau, bleibt die Einwohnerzahl bis 2000 etwa auf dem gegenwärtigen Stand, sinkt dann allerdings bis 2030 auf 58 Millionen.

Differenziert man nach der Staatsangehörigkeit, ist die unterschiedliche Fruchtbarkeit von deutschen und ausländischen Frauen zu berücksichtigen. Wird die gegenwärtige Situation unverändert fortgeschrieben – es wird also weder Integration noch Anpassung unterstellt –, wächst die Zahl der Ausländer, während die der Deutschen schrumpft. Entsprechend würde der Ausländeranteil von derzeit 6,3 Prozent über 8,2 Prozent im Jahre 2000 auf 11 Prozent im Jahre 2030 ansteigen. Allerdings kann man bei diesen Personen kaum noch von Ausländern sprechen, da sie dann in der Mehrzahl seit Generationen in der Bundesrepublik leben. Sie hätten höchstens den Status einer ethnischen Minderheit.

Eine anhaltend niedrige Fruchtbarkeit bewirkt nicht nur einen Rückgang der Bevölkerungszahl, sie führt auch zu einer erheblichen Veränderung der Altersstruktur. Bei gleichbleibender Fruchtbarkeit sinkt der Anteil der Kinder und Jugendlichen von 28,3 (1976) über 21,0 (2000) auf 17,6 Prozent (2030). Der Anteil der Personen in mittleren Jahren (20 bis 60 Jahre) verändert sich von 51,8 (1976) über 56,2 (2000) auf 50 Prozent (2030). Der Prozentsatz älterer Menschen schließlich steigt von 19,8 (1976) über 22,8 (2000) auf 32,3 Prozent (2030). In den Folgejahren normalisiert sich die Altersstruktur wieder, das heißt bei etwa gleichbleibendem Kinderanteil erhöht sich der Anteil von Personen zwischen 20 und 60 Jahren, während der Anteil alter Leute wieder zurückgeht.

Auch bei gleichbleibender Fruchtbarkeit werden die einzelnen Geburtsjahrgänge in Zukunft erhebliche Unterschiede aufweisen. Die Ursache hierfür sind die Unregelmäßigkeiten des gegenwärtigen Bevölkerungsaufbaus, vor allem der Geburtenberg der sechziger Jahre und die niedrigen Kinderzahlen der siebziger Jahre. Im Generationenabstand von etwa 28 Jahren ergeben sich daraus, wenn auch etwas abgeschwächt, erneute Geburtenberge und -täler. Ein Wiederansteigen der Fruchtbarkeit in den nächsten Jahren würde die Geburtenzahlen bis 1990 fast wieder auf das Niveau der sechziger Jahre erhöhen und eine erneute demographische Welle mit all ihren negativen Begleiterscheinungen produzieren. Besser im Hinblick auf möglichst gleichbleibende Jahrgangsstärken wäre daher, wenn die Fruchtbarkeit nicht schnell, sondern zunächst nur langsam ansteigen würde.

Über die möglichen Auswirkungen eines andauernden Bevölkerungsrückganges lassen sich zur Zeit nur qualitative Aussagen machen, die zum Teil den Charakter von Spekulationen haben. Immerhin läßt sich die zukünftige Entwicklung in zwei Abschnitte einteilen. Bei unverändert niedriger Fruchtbarkeit sinkt die Bevölkerungszahl bis etwa zum Jahr 2000 nur relativ langsam. Entsprechend halten sich die Folgen in engen Grenzen oder werden gar nicht einmal spürbar. Danach verstärkt sich der Schrumpfungsprozeß jedoch und mithin auch die Gefahr, daß es zu anhaltenden Beeinträchtigungen von Staat und Gesellschaft kommt.

Bei der Beurteilung der möglichen Konsequenzen spielt das Wirtschaftswachstum eine zentrale Rolle. Wenn auch in Zukunft ein ausreichendes Wirtschaftswachstum erreicht werden kann, wenn die Einkommen real steigen, lassen sich zumindest die materiellen Begleitumstände in den übrigen Problembereichen, etwa im Bildungswesen, bei der Alterssicherung oder der regionalen Entwicklung, leichter lösen. Es wird verschiedentlich die Befürchtung geäußert, daß eine schrumpfende Bevölkerung das weitere Wachstum beeinträchtigt. Auswirkungen sind denkbar über Veränderungen in der Güternachfrage wie auch im Angebot, und zwar sowohl im Umfang als auch in der Zusammensetzung. Dabei gilt, daß auf mittlere Sicht Probleme allein bei der Nachfrage auftreten. Erst nach 15 bis 20 Jahren kann das dann schrumpfende Arbeitskräftepotential auch zu Produktionsbeschränkungen führen.

Ein Rückgang der Bevölkerungszahl erhöht zunächst die Pro-Kopf-Einkommen. Dies dürfte jedoch kaum zu einer wesentlichen Erhöhung der Sparquote führen, da von der Einkommensverbesserung in erster Linie die jungen Leute profitieren, die erfahrungsgemäß eine besonders hohe Konsumneigung haben. Leichtere Nachfrageausfälle, genauer geringere Zuwächse bei der Nachfrage, könnten durch eine Erhöhung der Exporte ausgeglichen werden. Die Weltbevölkerung wächst nach wie vor und mit ihr zunächst auch die globale Nachfrage. Bei ausreichendem Nachfragevolumen braucht auch die Investitionsbereitschaft der deutschen Wirtschaft nicht beeinträchtigt zu werden. Auch der Staat verfügt infolge der relativ sinkenden Leistungen für die Jugend über mehr Mittel zum Ausgleich eventueller Nachfragelücken. Durch die Förderung zukunftsträchtiger Wirtschaftszweige kann gleichzeitig die internationale Wettbewerbsfähigkeit gesteigert werden.

Unabhängig vom Volumen wirkt sich der Bevölkerungsrückgang auf die Nachfragestruktur aus. Dabei ergeben sich jedoch grundsätzlich die gleichen Effekte wie bei wachstumsbedingten Einkommenssteigerungen. Die Nachfrage verlagert sich von einfachen Lebenshaltungsgütern zu höherwertigen Gütern und Dienstleistungen. Mithin verstärkt der Bevölkerungsrückgang den wachsenden Volkswirtschaften ohnehin immanenten Strukturwandel.

Schwierigkeiten dürften dann für das Wirtschaftswachstum auftreten, wenn sich das psychologische Klima verschlechtert. Es ist nicht auszuschließen, daß sich bei anhaltendem und entsprechend spürbarem Schrumpfen der Bevölkerung ein gewisser Zukunftspessimismus durchsetzt, der nicht nur die Konsumneigung, sondern auch die Investitionsbereitschaft lähmen könnte. Unter solchen Umständen würden auch die Investitionen von Ausländern im Inland beeinträchtigt, während sich gleichzeitig deutsche Investoren verstärkt ins Ausland orientieren.

Auf längere Sicht kann das Wirtschaftswachstum auch vom Arbeitsmarkt her beeinträchtigt werden. Etwa ab 1990 wirkt sich der Geburtenrückgang auf dem Arbeitsmarkt aus. Die Zahl der Arbeitskräfte wird von Jahr zu Jahr kleiner. Das Durchschnittsalter der Erwerbsbevölkerung erhöht sich. Dies könnte zu sinkender Arbeitseffizienz und zu einer Verringerung der Anpassungsfähigkeit an die sich ändernden Marktbedingungen führen.

Die Abnahme der Arbeitskräftezahl erscheint relativ unproblematisch. Entscheidend für die weitere wirtschaftliche Entwicklung ist der Zuwachs der Arbeitsproduktivität. Nimmt man die Vergangenheitswerte als Anhaltspunkt, ergeben sich zwar gewisse Wachstumsgrenzen. Ein jährlicher Zuwachs des Bruttosozialprodukts um 2 bis 3 Prozent erscheint aber dennoch möglich. Mit Sicherheit wird auch die Einführung neuer Technologien in Teilbereichen der Wirtschaft erhebliche Produktivitätsfortschritte bringen.

Befürchtet wird, daß mit zunehmender Alterung die Effizienz des Arbeitskräftepotentials sinkt. Zum einen rücken Jahr für Jahr weniger jugendliche Arbeitskräfte, deren Wissen dem neuesten Stande entspricht, nach. Zum anderen wird bei den Aktiven eine altersbedingte Leistungsminderung in Rechnung gestellt. Ob das tatsächlich zutrifft, hängt nicht zuletzt von der Entwicklung der Arbeitsplatzstruktur ab. Es ist jedoch anzunehmen, daß die typischen „jugendlichen" Fähigkeiten, wie zum Beispiel Körperkraft und Reaktionsvermögen, in Zukunft immer weniger benötigt werden. Statt dessen werden Erfahrung und Zuverlässigkeit stärker gefragt sein. Im übrigen zeigen psychologische Versuche, daß die Fähigkeit zur Aufnahme neuen Wissens keinesfalls mit dem Alter so stark abnimmt wie vielfach behauptet. Entscheidend ist auch der jeweilige Ausbildungsstand. Es gilt daher, mehr noch als bisher, eventuelle Leistungsverluste durch ein lebenslanges Lernen auszugleichen.

Mit dem Alter sinkt nach allgemeiner Ansicht die Anpassungsfähigkeit an die sich ändernden Marktverhältnisse. Wenn die Zahl der Arbeitskräfte abnimmt, steigt die Notwendigkeit, öfter den Beruf oder den Arbeitsplatz zu wechseln. Doch auch hier können Fortbildungsmaßnahmen im Erwachsenenalter dazu beitragen, die Bindungen an den gewohnten Beruf zu lockern. Im übrigen lassen sich Voraussetzungen für eine spätere Flexibilität bereits durch eine adäquate Grundausbildung der Jugendlichen schaffen.

Der Geburtenrückgang erfaßt zunächst den Bildungssektor. Von Jahr zu Jahr betreten immer weniger Kinder und Jugendliche die verschiedenen Bildungsstufen, so daß die vorhandenen personellen und räumlichen Kapazitäten, die bis vor kurzem noch kräftig ausgeweitet werden mußten, immer schwächer ausgelastet sind. Diese Tendenz ist in Kindergärten und Grundschulen bereits deutlich zu spüren. Gymnasien und Realschulen erleben zur Zeit den höchsten Andrang, während die Nachfrage nach Ausbildungs- und Studienplätzen in den kommenden Jahren noch zunehmen dürfte. Mit unterschiedlicher zeitlicher Verzögerung werden jedoch alle Bildungsstufen vom Geburtenrückgang betroffen, so daß sich die Frage nach einer sinnvollen Verwendung der vorhandenen Kapazitäten stellt.

Während eine Anpassung bei den sachlichen Kapazitäten noch am ehesten möglich ist, indem ein Teil der Ersatzinvestitionen unterbleibt, dürfte die Zahl der Lehrer schwerer zu verringern sein, da deren Altersstruktur gegenwärtig sehr jung ist und es auch nicht angeht, völlig auf Neueinstellungen zu verzichten. Als Ausgleich bietet sich hier nur – neben einer wünschenswerten Herabsetzung der Klassenfrequenzen – ein verstärkter Einsatz von Lehrern in der Erwachsenenbildung. Dies setzt jedoch zuerst eine entsprechende Umschulung der Lehrer voraus.

Da bis zum Jahr 2030 der Anteil alter Menschen stark zunimmt, werden die größten Probleme gewöhnlich bei der Altersversorgung gesehen. Nimmt man allein das Verhältnis von Personen über 60 Jahren zu den Personen zwischen 20 und 60 Jahren, die sogenannte Alterslastquote, dann müßten die Beiträge zur gesetzlichen Altersversorgung von derzeit 18 Prozent auf über 30 Prozent ansteigen. Ein derartiger Beitragsatz ist aus heutiger Sicht sicher untragbar. Übersehen wird dabei jedoch meist, daß sich diese Erhöhung über einen Zeitraum von 50 Jahren erstreckt, und daß selbst bei mäßigen Steigerungen der Bruttoeinkommen auch bei wachsenden Abgaben real immer noch etwas übrig bleiben kann, so daß sich der Lebensstandard entsprechend erhöht. Es ist auch zu berücksichtigen, daß sich parallel zu den steigenden Alterslasten die Ausgaben für Kinder und Jugendliche relativ reduzieren, auch wenn die Erfordernisse einer ständig verbesserten Ausbildung zu wachsenden Pro-Kopf-Ausgaben führen müssen. Es wird jedoch nicht mehr erforderlich sein, wie bisher einen ständig steigenden Teil des Sozialprodukts in das Bildungswesen zu investieren. Im übrigen würde eine Beibehaltung der Rentenerhöhung nach dem

Bruttoprinzip bei steigenden Abgabeanteilen der Erwerbseinkommen zu einer stetigen Erhöhung des Rentenniveaus führen. Hier ergibt sich ein gewisser Spielraum für die Finanzierung der Krankenversicherung der Rentner.

Die Anpassungsprobleme des Gesundheitssystems sind nur bedingt mit denen des Bildungswesens zu vergleichen. Da Krankheiten im Alter besonders häufig sind, wirkt sich der Bevölkerungsrückgang erst mit erheblicher Verzögerung auf die Auslastung der personellen und sachlichen Kapazitäten aus. Im übrigen erfolgt insofern eine natürliche Anpassung, als mit schrumpfender Bevölkerung normalerweise auch die Zahl des medizinischen Personals sinkt. In den nächsten Jahrzehnten ist jedoch noch mit einem steigenden Angebot an ärztlichen Dienstleistungen zu rechnen. Hierzu trägt neben der derzeitigen hohen Attraktivität des Medizinstudiums der Umstand bei, daß dann die starken Geburtsjahrgänge der sechziger Jahre im aktiven Alter sind. Da nach dem Jahr 2000 der Anteil alter Menschen stark zunimmt, werden jedoch auch relativ mehr Ärzte gebraucht, falls eine Verschlechterung der medizinischen Betreuung vermieden werden soll.

Der Bevölkerungsrückgang wird, wenn auch in unterschiedlichem Ausmaß, alle Regionen der Bundesrepublik betreffen. Wichtiger als die Geburtendefizite sind in diesem Zusammenhang die Wanderungen. Mit sinkender Bevölkerungsdichte wird es in den dünner besiedelten Gebieten immer schwerer, qualifizierte Arbeitsplätze einzurichten und zu erhalten. Auch das Angebot an privaten und öffentlichen Dienstleistungen wird mangels ausreichender Nachfrage zurückgehen. In dem Maße, wie derartige Einrichtungen in weniger zentralen Orten konzentriert werden, verschlechtern sich die Lebensbedingungen in den ländlichen Räumen noch weiter, was die Abwanderung verstärkt. Es ist also zu erwarten, daß der Bevölkerungsrückgang die dünn besiedelten Gebiete stärker erfaßt als die Ballungsgebiete.

Die Auswirkungen des Bevölkerungsrückgangs auf die Familie sind in erster Linie Folge der abnehmenden Kinderzahl in den Ehen, betreffen also in gleicher Weise die übrigen Industrieländer, deren Bevölkerung noch wächst. Veränderungen werden erwartet im Hinblick auf den Status der Frau, die Beziehungen der Ehegatten untereinander, die Eltern-Kind-Beziehung, die Situation des Kindes sowie die weiteren Verwandtschaftsbeziehungen. Da historische Parallelen fehlen, ist es jedoch noch nicht möglich, eine einhellige Beurteilung abzugeben.

Innenpolitisch führt der Alterungsprozeß nach verbreiteter Meinung zur Verstärkung konservativer Strömungen, die bis hin zur politischen und gesellschaftlichen Erstarrung führen könnten, so daß notwendige wirtschaftliche oder soziale Innovationen unterbleiben. Zunehmender Lebensstandard und verbesserte Gesundheit könnten jedoch dazu beitragen, das Selbstwertgefühl der alten Menschen zu stabilisieren, so daß sie, statt nur das Erreichte zu verteidigen, mehr und mehr bereit sind, am gesellschaftlichen und politischen Leben aktiv und konstruktiv teilzunehmen. Auch eine Beeinträchtigung der außenpolitischen Stellung der Bundesrepublik braucht mit einem Bevölkerungsrückgang nicht verbunden zu sein. Hierfür ist weniger das Bevölkerungspotential ausschlaggebend als vielmehr das moralische Ansehen sowie die wirtschaftliche und militärische Leistungsfähigkeit. Alle drei Faktoren sind aber nicht unbedingt abhängig von der Zahl der Einwohner.

Die Konsequenzen des Geburtenrückganges in der Bundesrepublik geben, soweit sie heute zu übersehen sind, keinen Anlaß für einen übertriebenen Pessimismus. Unser Gesellschaftssystem hat sich in der Vergangenheit als sehr anpassungsfähig erwiesen. Es dürfte dies auch in Zukunft sein, zumal sich die Folgen einer rückläufigen Bevölkerungszahl erst sehr langfristig auswirken und sich folglich die Chance einer rechtzeitigen Anpassung bietet. Ob dennoch eine Politik zur Stabilisierung der Bevölkerungszahl zweckmäßig ist, erscheint zweifelhaft. Bisher ist die dauerhafte Wirksamkeit der bekannten bevölkerungspolitischen Instrumente noch nicht nachgewiesen. Ein Verzicht auf eine aktive Bevölkerungspolitik sollte jedoch eine Aktivierung der Familienpolitik mit dem Ziel, die Lebensverhältnisse von Familien mit Kindern zu verbessern, keinesfalls ausschließen.

5. Tabellarischer Anhang

Tabelle 1:
Entwicklung der Weltbevölkerung nach Erdteilen
von 1750 bis 1975/76

Erdteil	Bevölkerung (geschätzt in Millionen)						
	1750[1]	1800[1]	1850[1]	1900[1]	1950	1965	1975/76
Afrika	106	107	111	133	217	303	412
Asien	498	630	801	925	1 355	1 833	2 306
Lateinamerika	16	24	38	74	162	246	334
Nordamerika	2	7	26	82	166	214	238
Europa einschließlich UdSSR	167	208	284	430	572	675	733
Ozeanien	2	2	2	6	13	18	22
Welt	791	978	1 262	1 650	2 486	3 289	4 044

[1] Mittlere Variante der Schätzungen von Durand (Durand, The modern expansion . . . 1967, Seite 137)
Quellen: United Nations, The Determinants and Consequences of Population Trends, Vol. I, New York 1973, Seite 21. – Statistisches Jahrbuch für die Bundesrepublik Deutschland, 1977, Seite 590 ff.

Tabelle 2:
Durchschnittliche jährliche Wachstumsraten der Weltbevölkerung
nach Erdteilen
von 1750 bis 1975/76
(in Prozent)

Erdteil	1750– 1800	1800– 1850	1850– 1900	1900– 1950	1950– 1965	1965– 1975/76
Afrika	0,0	0,1	0,4	1,0	2,3	2,8
Asien	0,5	0,5	0,3	0,8	2,0	1,9
Lateinamerika	0,8	0,9	1,3	1,6	2,8	2,8
Nordamerika	2,5	2,7	2,3	1,4	1,7	0,9
Europa einschließlich UdSSR	0,4	0,6	0,8	0,6	1,1	1,2
Ozeanien	0,0	0,0	2,2	1,6	2,2	1,8
Welt	0,4	0,5	0,5	0,8	1,9	2,1

Quelle: Berechnet nach Tabelle 1

Tabelle 4:
Bevölkerungsdichte nach Erdteilen
von 1800 bis 1975/76

Erdteil	Fläche 1000 qkm	Bevölkerungsdichte (Personen je qkm)				
		1800	1900	1950	1965	1975/76
Afrika	30 319	4	4	7	10	14
Asien	26 799	19	35	51	68	84
Lateinamerika	20 567	1	4	8	12	16
Nordamerika	19 339	0	4	9	11	12
Europa	30 296[1]	7	14	19	22	37
Ozeanien	8 510	0	1	2	2	3
Welt	135 830	7	12	18	24	30

[1] einschließlich UdSSR, Türkei und Grönland
Quellen: Statistisches Jahrbuch 1977 und Tabelle 1

Tabelle 5:
Annahmen zu den Bevölkerungsprojektionen der Vereinten Nationen,
1970 und 2000

Erdteil	Bruttoreproduktionsrate		Lebenserwartung (beider Geschlechter)*	
	1970	2000	1970	2000
Afrika	3,10	2,55	45,0	56,6
Ost-Asien	1,75	1,10	62,5	70,6
Süd-Asien	2,92	1,82	48,5	60,8
Lateinamerika	2,57	1,89	61,4	70,3
Nordamerika	1,07	1,04	71,4	72,5
Europa	1,11	1,08	71,2	74,0
UdSSR	1,18	1,14	70,4	73,0
Ozeanien	1,66	1,38	65,8	70,4
Welt	2,13	1,60	55,2	64,1

* in Jahren
Quelle: United Nations, World population prospects, 1977, Seite 21/23

Tabelle 6:
Projektion der **Weltbevölkerung nach Erdteilen**
von 1970 bis 2000

Erdteil	Bevölkerung (in Millionen)			
	1970	1980	1990	2000
Afrika	352	461	614	814
Asien	2 028	2 515	3 069	3 637
Lateinamerika	283	372	486	620
Nordamerika	226	249	275	296
Europa einschließlich UdSSR	702	755	808	855
Ozeanien	19	23	28	33
Welt	3 610	4 374	5 280	6 254

Quelle: United Nations, World population prospects, 1977, Seite 15

Tabelle 7:
Einwohnerzahlen ausgewählter westlicher Industrieländer
von 1950 bis 1976[1]

Jahr	Bundesrepublik Deutschland	Frankreich	Italien	Niederlande	Vereinigtes Königreich	Schweden[2]	USA[3]
1950	50,0	41,8	46,4	10,1	50,6	7,0	152,3
1960	55,4	45,7	50,2	11,5	52,6	7,5	180,7
1965	58,6	48,8	52,0	12,3	54,4	7,8	194,3
1970	60,7	50,8	53,7	13,0	55,5	8,1	204,9
1971	61,3	51,2	54,0	13,2	55,7	8,1	207,1
1972	61,7	51,7	54,4	13,3	55,9	8,1	208,8
1973	62,0	52,1	54,9	13,4	56,0	8,1	210,4
1974	62,1	52,5	55,4	13,5	56,1	8,2	211,9
1975	61,8	52,7	55,8	13,7	56,0	8,2	213,5
1976	61,5	52,9	56,2	13,8	55,9	8,2	214,6

[1] Millionen Einwohner im Jahresdurchschnitt
[2] Jahresende
[3] 1. Juli

Quellen: Statistisches Amt der Europäischen Gemeinschaften, Sozialindikatoren 1960–1975. – Statistisches Jahrbuch für die Bundesrepublik Deutschland, 1977. – Yearbook of Nordic States, verschiedene Jahre. – Statistical Abstracts of the United States, 1976

Tabelle 8:
Bevölkerungswachstum ausgewählter westlicher Industrieländer von 1950 bis 1976

Zeitraum	Durchschnittliche jährliche Veränderungsraten (in Prozent)						
	Bundesrepublik Deutschland	Frankreich	Italien	Niederlande	Vereinigtes Königreich	Schweden	USA
1950–1960	1,04	0,88	0,78	1,28	0,39	0,63	1,72
1960–1965	1,12	1,31	0,70	1,37	0,69	0,72	1,46
1965–1970	0,68	0,81	0,64	1,18	0,42	0,78	1,07
1970–1971	1,07	0,95	0,64	1,20	0,34	0,35	1,07
1971–1972	0,60	0,89	0,75	1,02	0,31	0,25	0,82
1972–1973	0,49	0,83	0,92	0,83	0,25	0,19	0,77
1973–1974	0,13	0,72	0,91	0,79	0,06	0,41	0,71
1974–1975	–0,36	0,45	0,72	0,80	–0,02	0,39	0,76
1975–1976	–0,46	0,38	0,61	0,79	–0,18	0,13	0,52

Quellen: Statistisches Amt der EG, Sozialindikatoren, eigene Berechnungen nach Tabelle 7

Tabelle 9:
Bevölkerungsentwicklung ausgewählter westlicher Industrieländer nach Wachstumskomponenten von 1960 bis 1976

Art	Jahr	Veränderungsraten je 1000 Einwohner						
		Bundesrepublik Deutschland	Frankreich	Italien	Niederlande	Vereinigtes Königreich	Schweden	USA
Geburtenrate	1960	17,4	17,9	17,9	20,8	17,5	13,7	23,6
	1965	17,7	17,8	18,8	19,9	18,4	15,9	19,4
	1970	13,4	16,8	16,5	18,3	16,2	13,7	18,2
	1975	9,7	14,1	14,8	13,0	13,2[1]	12,6	14,8
	1976[2]	9,8	14,1	13,9	12,9	12,1	12,0	14,7
Sterblichkeitsrate	1960	11,6	11,4	9,4	7,6	11,5	10,0	9,5
	1965	11,5	11,2	9,8	8,0	11,6	10,1	9,4
	1970	12,1	10,7	9,6	8,4	11,8	10,0	9,4
	1975	12,1	10,6	9,9	8,3	11,9[1]	10,8	9,0
	1976[2]	11,9	10,1	9,7	8,3	12,2	11,1	8,9
Geburtenüberschußrate	1960	5,8	6,5	8,5	13,2	6,0	3,7	14,1
	1965	6,2	6,6	9,0	11,9	6,8	5,8	10,0
	1970	1,3	6,1	6,9	9,9	4,4	3,7	8,8
	1975	−2,4	3,5	4,9	4,7	1,3[1]	1,9	5,8
	1976[2]	−2,7	3,9	4,2	4,6	−0,1	0,9	5,8
Wanderungssaldo	1960	3,4	3,1	−1,9	−1,1	1,7	1,7	2,9
	1965	5,2	2,3	−3,0	1,5	−1,0	4,6	1,9
	1970	9,0	3,5	−0,9	2,6	−1,5	3,8	1,8
	1975	−3,2	0,3	1,5	5,3	−1,0[1]	3,0	2,4
	1976[2]	−1,2	0,2	1,0	1,6	−1,7	1,5	1,2
Wachstumsrate der Bevölkerung	1960	9,3	9,6	6,6	12,1	7,7	5,4	17,0
	1965	11,4	8,9	6,0	13,4	5,8	10,4	11,9
	1970	10,3	9,6	6,0	12,5	2,9	7,5	10,6
	1975	−5,6	3,8	6,4	9,9	0,3[1]	4,9	8,2
	1976[2]	−3,9	3,7	5,2	6,2	−1,8	2,4	7,0

[1] 1974
[2] Frankreich 1977
Quellen: Statistisches Amt der EG, Sozialindikatoren; Statistisches Jahrbuch 1977, 1978; Statistical Yearbook, 1970, 1975

Tabelle 10:
Nettoreproduktionsraten ausgewählter westlicher Industrieländer
von 1960 bis 1975

Jahr	Bundes-republik Deutschland	Frankreich	Italien	Nieder-lande	Vereinigtes Königreich	Schweden	USA
1960	1,11	1,28	1,07	...	1,26	...	...
1965	1,18	1,34	1,21	1,43	1,35	1,21[1]	1,29
1970	0,93	1,17	1,11	1,23	1,15	0,92	1,17
1971	0,90	1,18	1,09	1,12	1,13	0,94	1,08
1972	0,81	1,14	1,08	1,03	1,04	0,92	0,96
1973	0,73	1,09	1,08	0,91	0,96	0,90	0,90
1974	0,71	1,00	...	0,85	0,90	0,90	0,88
1975	0,68	0,92	...	0,79	0,85	0,85	...

[1] 1966
Quellen: Statistisches Amt der EG, Sozialindikatoren. – Demographic Yearbook, 1975

Tabelle 11:
Bevölkerungsprojektionen für ausgewählte westliche Industrieländer
von 1975 bis 2000 (Millionen Einwohner)

Jahr	Bundes-republik Deutschland	Frankreich	Italien	Nieder-lande	Vereinigtes Königreich	Schweden	USA
1975[1]	62,0	52,7	55,8	13,7	56,0	8,2	213,5
1980	61,1	53,8	56,8	13,8	55,8	8,3	222,8
1985	...	...	...	...	...	8,4	234,1
1990	59,1	56,8	59,0	14,2	56,6	8,4	245,1
1995	...	...	...	...	...	8,4	...
2000	56,4	...	...	...	...	8,5	262,5

[1] tatsächliche Werte
Quellen: Statistisches Jahrbuch für die Bundesrepublik Deutschland 1978. – Statistisches Amt der Europäischen Gemeinschaften, Sozialindikatoren. – Yearbook of Nordic States, 1976. – Statistical Abstract of the United States, 1976

Tabelle 12:
**Bevölkerungsprojektionen ausgewählter westlicher Industrieländer
von 1975 bis 1990
(in Prozent) nach Altersklassen**

Jahr	Altersklasse	Bundesrepublik Deutschland	Frankreich	Italien	Niederlande	Vereinigtes Königreich	Schweden	USA
1975	0 – 14	20,5[1]	23,1[1]	22,8[2]	24,4[3]	22,4[1]	21	25,8[1]
	15 – 64	62,6[1]	60,8[1]	63,2[2]	63,1[3]	61,1[1]	64	63,9[1]
	über 65	16,9[1]	16,1[1]	14,0[2]	12,5[3]	16,5[1]	15	10,3[1]
1980	0 – 14	17,9	23,8	22,8	22,3	20,8	20,0	23,1
	15 – 64	65,8	62,4	64,1	66,2	64,3	64,1	65,9
	über 65	16,3	13,8	13,1	11,5	14,9	15,9	11,0
1990	0 – 14	14,6	22,8	21,7	17,4	19,8	18,1	23,7
	15 – 64	70,0	64,0	65,2	69,9	65,2	64,4	64,5
	über 65	15,4	13,2	13,1	12,7	15,0	17,5	11,8

* nur deutsche Bevölkerung
[1] 1974
[2] 1. Januar 1976
[3] 31. Dezember 1975
Quellen: Statistisches Jahrbuch der Bundesrepublik Deutschland, 1977. – Statistisches Amt der EG, Sozialindikatoren. – Statistical Abstracts of the United States, 1976. – Yearbook of Nordic States, 1976

Tabelle 14:
**Todesfälle, Sterberaten und mittlere Lebenserwartung
für Männer und Frauen in der Bundesrepublik Deutschland
von 1950 bis 1976**

Jahr	Gestorbene in Tausend		Gestorbene je 1000 Einwohner		Mittlere Lebenserwartung eines Neugeborenen in Jahren		Gestorbene insgesamt je 1000 Einwohner bei	
	m	w	m	w	m	w	stabiler	tatsächl. Bevölkerung
1950	267	262	11,5	9,8	64,6	68,5	16,1	10,5
1955	299	283	12,3	10,1	...	...	...	11,1
1960	333	310	12,8	10,5	66,9	72,4	12,8	11,6
1965	348	330	12,4	10,6	67,6	73,5	11,6	11,5
1970	370	365	12,8	11,5			15,5	12,1
1971	367	364	12,5	11,4	67,4	73,8	16,4	11,9
1972	367	364	12,4	11,3			18,2	11,8
1973	366	365	12,3	11,3	67,9	74,4	20,5	11,8
1974	360	367	12,1	11,3			20,9	11,7
1975	371	378	12,6	11,7	68,3	74,8	21,9	12,1
1976	361	372	12,3	11,5			...	11,9

Quelle: Statistisches Bundesamt, verschiedene Veröffentlichungen

Tabelle 15:
Familienstrukturen ausgewählter Ehejahrgänge nach 20jähriger Ehedauer*, Bundesrepublik Deutschland

Jahr	von 1000 Ehen (Heiratsalter der Frauen unter 45 Jahren) haben nach 20jähriger Ehedauer					
	keine Kinder	1 Kind	2 Kinder	3 Kinder	4 und mehr Kinder	Kinder insgesamt
1947	220	212	268	158	142	1 933
1951	239	186	280	147	148	1 937
1956	198	152	298	189	163	2 106
1961	170	155	357	199	119	2 017
1966	172	240	378	144	66	1 727
1968	180	277	363	128	52	1 620
1971	195	313	345	109	38	1 498

* Bis Ende 1974 beobachtete Werte, für die Ehejahre nach 1974 geschätzte Werte
Quelle: Wirtschaft und Statistik, 1976, Seite 486

Tabelle 16:
Kinderzahl der Ehen: Modellrechnung unter der Annahme jeweiliger Geburtshäufigkeiten der Jahre 1966, 1972 und 1975

Ehen	100 Ehen nach der Kinderzahl		
	1966	1972	1975
ohne Kinder	15	22	24
mit 1 Kind	18	28	31
2 Kindern	31	35	33
3 Kindern	20	11	10
4 und mehr Kindern	16	4	2
insgesamt	100	100	100

Quelle: Wirtschaft und Statistik, 6, 1977/6, Seite 376

Tabelle 18:
Übersicht über die verschiedenen Annahmekonstellationen der Modellrechnungen zur Bevölkerungsentwicklung in der Bundesrepublik Deutschland

Jahr	Fruchtbarkeit Nettoreproduktionsrate Gesamte Bevölkerung			Deutsche	Ausländer	Sterblichkeit Gesamte Bevölkerung	Deutsche	Ausländer	Wanderungssaldo in 1 000 Gesamte Bevölkerung	Deutsche	Ausländer
	Variante 1	Variante 2	Variante 3								
1976	0,686	0,686	0,686	0,655	1,061	Konstante Sterbe-			−72,0	56,0	−128,0
1977	0,680	0,674	0,700	0,655	1,020	wahrscheinlich-			−50,0	50,0	−100,0
1978		0,664	0,720	0,655	1,000	keiten der Sterbe-			−40,0	40,0	− 80,0
1979		0,655	0,750			tafel 70/72			−30,0	30,0	− 60,0
1980		0,646	0,780						−20,0	20,0	− 40,0
1981		0,638	0,818			Für die 0 bis 2jäh-			−	−	−
1082		0,628	0,852			rigen			−	−	−
1983		0,620	0,890			Werte der Sterbe-			−	−	−
1984		0,612	0,936			tafel 73/75			−	−	−
1985		0,608	0,968			Bis 1985 jähr-			−	−	−
1986		0,604	0,988			liche Abnahme			−	−	−
1987		0,600	1,000			um 3 Prozent			−	−	−
1988	Konstanz	Konstanz	Konstanz	Konstanz					−	−	−

Quelle: Eigene Annahmen

Tabelle 19:
Wohnbevölkerung der Bundesrepublik Deutschland
von 1976 bis 2070
Annahme: gleichbleibende Fruchtbarkeit

Jahr	Bevölkerung 1 000	Geborene 1 000	Gestorbene 1 000	Wanderungssaldo 1 000
1976[1]	61 442	603	733	−72
1977	61 182	593	803	−50
1978	60 928	592	806	−40
1979	60 684	597	811	−30
1980	60 240	610	820	−20
1985	59 443	642	832	−
1990	58 529	648	833	−
1995	57 435	575	825	−
2000	55 909	483	824	−
2010	51 860	426	864	−
2020	47 232	389	878	−
2030	42 003	314	858	−
2040	36 501	280	827	−
2050	31 334	242	724	−
2060	27 025	204	598	−
2070	23 336	179	531	−

[1] tatsächliche Werte
Quelle: Statistisches Bundesamt und eigene Berechnungen

Tabelle 20:
Wohnbevölkerung der Bundesrepublik Deutschland
von 1976 bis 2070
Annahme: rückläufige Fruchtbarkeit

Jahr	Bevölkerung 1 000	Geborene 1 000	Gestorbene 1 000	Wanderungs-saldo 1 000
1976[1]	61 442	603	733	− 72
1977	61 182	593	803	− 50
1978	60 923	587	806	− 40
1979	60 665	583	811	− 30
1980	60 410	580	816	− 20
1985	59 169	578	831	−
1990	57 890	572	832	−
1995	56 444	507	823	−
2000	54 614	423	823	−
2010	49 920	348	861	−
2020	44 477	304	874	−
2030	38 504	237	851	−
2040	32 303	199	815	−
2050	26 517	166	701	−
2060	21 824	134	554	−
2070	18 007	112	467	−

[1] tatsächliche Werte
Quellen: Statistisches Bundesamt und eigene Berechnungen

Tabelle 21:
Wohnbevölkerung der Bundesrepublik Deutschland
von 1976 bis 2070
Annahme: ansteigende Fruchtbarkeit

Jahr	Wohnbevölke-rung 1 000	Geborene 1 000	Gestorbene 1 000	Wanderungs-saldo 1 000
1976[1]	61 442	603	733	−72
1977	61 182	593	803	−50
1978	60 946	609	806	−40
1979	60 736	632	812	−30
1980	60 563	664	817	−20
1985	60 351	883	837	−
1990	60 898	953	839	−
1995	61 205	846	831	−
2000	60 894	724	831	−
2010	59 701	797	876	−
2020	59 216	831	896	−
2030	58 041	746	885	−
2040	56 975	803	877	−
2050	56 446	778	822	−
2060	56 130	763	785	−
2070	55 874	780	814	−

[1] tatsächliche Werte
Quellen: Statistisches Bundesamt und eigene Berechnungen

Tabelle 22:
Wohnbevölkerung der Bundesrepublik Deutschland
von 1976 bis 2070
nach Staatsangehörigkeit
Annahme: gleichbleibende Fruchtbarkeit[1]

Jahr	Wohn-bevölkerung 1 000	Deutsche 1 000	Ausländer 1 000	Ausländeranteil in Prozent
1976[2]	61 442	57 590	3 852	6,3
1980	60 478	56 674	3 804	6,3
1990	58 644	54 414	4 230	7,2
2000	56 148	51 560	4 588	8,2
2010	52 263	47 481	4 782	9,2
2020	47 882	43 102	4 781	10,0
2030	42 918	38 193	4 724	11,0
2040	37 709	32 990	4 719	12,5
2050	32 852	28 104	4 748	14,5
2060	28 838	24 089	4 749	16,5
2070	25 425	20 668	4 757	18,7

[1] jeweils unterschiedlich für Deutsche und Ausländer
[2] tatsächliche Werte
Quellen: Statistisches Bundesamt und eigene Berechnungen

Tabelle 23:
Einwohner der Bundesrepublik Deutschland nach Altersklassen
von 1976 bis 2070
Annahme: gleichbleibende Fruchtbarkeit

Altersklasse von .... bis unter .... Jahren	1976[1]		2000		2030		2070	
	1 000	Prozent	1 000	Prozent	1 000	Prozent	1 000	Prozent
unter 5	3 081	5,0	2 547	4,6	1 603	3,8	906	3,9
5 – 10	4 420	7,2	2 985	5,3	1 785	4,2	962	4,1
10 – 15	5 162	8,4	3 184	5,7	1 967	4,7	1 029	4,4
15 – 20	4 716	7,7	3 045	5,4	2 058	4,9	1 115	4,8
20 – 25	4 245	6,9	2 877	5,1	2 073	4,9	1 213	5,2
25 – 30	4 207	6,8	3 185	5,7	2 167	5,2	1 301	5,6
30 – 40	8 899	14,5	9 535	17,1	5 370	12,8	2 791	12,0
40 – 50	7 979	13,0	8 408	15,0	5 930	14,1	3 204	13,7
50 – 60	6 538	10,6	7 446	13,3	5 476	13,0	3 599	15,4
60 – 70	6 356	10,3	7 131	12,8	7 451	17,7	3 275	14,0
über 70	5 824	9,5	5 567	10,0	6 127	14,6	3 942	16,9
insgesamt	61 442	100	55 909	100	42 003	100	23 337	100

[1] tatsächliche Werte
Quellen: Statistisches Bundesamt und eigene Berechnungen

Tabelle 24:
Einwohner der Bundesrepublik Deutschland nach Altersklassen
von 1976 bis 2070
Annahme: rückläufige Fruchtbarkeit

Altersklassen von .... bis unter .... Jahren	1976[1]		2000		2030		2070	
	Mio	Prozent	Mio	Prozent	Mio	Prozent	Mio	Prozent
unter 5	3,1	5,0	2,2	4,1	1,2	3,2	0,6	3,2
5 – 10	4,4	7,2	2,6	4,8	1,4	3,6	0,6	3,4
10 – 15	5,2	8,4	2,8	5,2	1,5	4,0	0,7	3,8
15 – 20	4,7	7,7	2,8	5,2	1,6	4,3	0,8	4,2
20 – 25	4,2	6,9	2,8	5,2	1,7	4,5	0,8	4,4
25 – 30	4,2	6,8	3,2	5,8	1,9	4,9	0,9	5,1
30 – 40	8,9	14,5	9,5	17,5	4,7	12,3	2,0	11,3
40 – 50	8,0	13,0	8,4	15,4	5,4	13,9	2,5	13,7
50 – 60	6,5	10,6	7,4	13,6	5,4	14,1	2,8	15,8
60 – 70	6,4	10,3	7,1	13,1	7,5	19,4	2,8	15,4
über 70	5,8	9,5	5,6	10,2	6,1	15,9	3,5	19,4
insgesamt	61,4	100	54,6	100	38,5	100	18,0	100

[1] tatsächliche Werte
Quellen: Statistisches Bundesamt und eigene Berechnungen

Tabelle 25:
**Einwohner der Bundesrepublik Deutschland nach Altersklassen
von 1976 bis 2070
Annahme: ansteigende Fruchtbarkeit**

Altersklasse von .... bis unter ...., Jahren	1976[1]		2000		2030		2070	
	Mio	Prozent	Mio	Prozent	Mio	Prozent	Mio	Prozent
unter 5	3,1	5,0	3,8	6,2	3,7	6,4	3,8	6,9
5 – 10	4,4	7,2	4,4	7,2	3,9	6,7	3,8	6,8
10 – 15	5,2	8,4	4,6	7,6	4,1	7,1	3,7	6,6
15 – 20	4,7	7,7	3,8	6,3	4,1	7,0	3,7	6,7
20 – 25	4,2	6,9	3,0	4,9	3,6	6,4	3,8	6,8
25 – 30	4,2	6,8	3,2	5,2	3,4	5,9	3,9	6,9
30 – 40	8,9	14,5	9,5	15,7	7,9	13,7	7,4	13,2
40 – 50	8,0	13,0	8,4	13,8	8,1	13,9	7,2	12,8
50 – 60	6,5	10,6	7,4	12,2	5,6	9,6	7,4	13,2
60 – 70	6,4	10,3	7,1	11,9	7,5	12,8	5,5	9,8
über 70	5,8	9,5	5,6	9,1	6,1	10,6	5,7	10,2
insgesamt	61,4	100	60,9	100	58,0	100	55,9	100

[1] tatsächliche Werte
Quellen: Statistisches Bundesamt und eigene Berechnungen

Tabelle 26:
Wohnbevölkerung der Bundesrepublik Deutschland
von 1976 bis 2070
Annahme: langsam ansteigende Fruchtbarkeit

Jahr	Wohnbevölkerung 1000	Geborene 1000	Gestorbene 1000	Nettoreproduktionsrate
1976[1]	61 442	603	733	0,686
1977	61 182	593	803	0,690
1978	60 937	601	806	0,700
1979	60 710	614	811	0,710
1980	60 502	629	817	0,724
1985	59 862	755	834	0,820
1990	59 793	857	837	0,920
1995	59 885	827	830	0,986
2000	59 539	716	830	1,000
2010	57 932	721	873	1,000
2020	56 784	783	893	1,000
2030	55 308	708	879	1,000
2040	53 780	741	864	1,000
2050	53 926	736	796	1,000
2060	52 554	713	736	1,000
2070	52 321	728	757	1,000

[1] tatsächliche Werte
Quellen: Statistisches Bundesamt und eigene Berechnungen

Tabelle 28:
Preisbereinigte[1] Einnahmen und Ausgaben von Vier-Personen-Arbeitnehmerhaushalten mit mittlerem Einkommen, 1968 und 1976

Einkommen beziehungsweise Ausgabenart	1968 DM	Prozent	1976 DM	Prozent
Nahrungs- und Genußmittel	365	33,2	427	25,5
Kleidung, Schuhe	102	9,3	126	7,5
Wohnungsmieten	158	14,4	214	12,8
Elektrizität und ähnliches	46	4,2	62	3,7
Übrige Güter der Haushaltsführung	92	8,4	140	8,4
Verkehr, Nachrichten	91	8,3	189	11,3
Körper-, Gesundheitspflege	35	3,2	42	2,5
Bildung, Unterhaltung	65	5,9	135	8,1
Persönliche Ausstattung	24	2,2	60	3,6
Übrige Ausgaben	68	6,2	88	5,3
Ersparnis	52	4,7	191	11,4
Verfügbares Einkommen	1 098	100	1 674	100

[1] Umgerechnet auf Preise von 1970
Quellen: Statistisches Bundesamt und eigene Berechnungen

Tabelle 29:
Durchschnittliche jährliche prozentuale Veränderung des Volkseinkommens je Einwohner bei 3 Prozent Wachstum

Zeitraum	Gleichbleibende Fruchtbarkeit		Rückläufige Fruchtbarkeit		Ansteigende Fruchtbarkeit	
	Veränderung insgesamt	Veränderung aufgrund Bevölkerungsrückgang	Veränderung insgesamt	Veränderung aufgrund Bevölkerungsrückgang	Veränderung insgesamt	Veränderung aufgrund Bevölkerungsrückgang
1976–1980	+ 3,4	+ 0,4	+ 3,4	+ 0,4	+ 3,3	+ 0,3
1980–1990	+ 3,3	+ 0,3	+ 3,3	+ 0,4	+ 3,0	± 0,0
1990–2000	+ 3,5	+ 0,5	+ 3,6	+ 0,6	+ 3,0	± 0,0
2000–2010	+ 3,7	+ 0,7	+ 3,9	+ 0,9	+ 3,2	+ 0,2
2010–2020	+ 3,9	+ 0,9	+ 4,1	+ 1,1	+ 3,1	+ 0,1
2020–2030	+ 4,2	+ 1,2	+ 4,4	+ 1,4	+ 3,2	+ 0,2
2030–2040	+ 4,4	+ 1,4	+ 4,8	+ 1,7	+ 3,2	+ 0,2
2040–2050	+ 4,5	+ 1,5	+ 5,1	+ 2,0	+ 3,1	+ 0,1
2050–2060	+ 4,5	+ 1,5	+ 5,0	+ 1,9	+ 3,1	+ 0,1
2060–2070	+ 4,5	+ 1,5	+ 5,0	+ 1,9	+ 3,0	± 0,0

Quelle: eigene Berechnungen

Tabelle 30:
Erwerbspersonenzahlen bei unterschiedlichen Annahmen über die Fruchtbarkeit in der Bundesrepublik Deutschland von 1976 bis 2070

Jahr	Gleichbleibende Fruchtbarkeit		rückläufige Fruchtbarkeit		ansteigende Fruchtbarkeit	
	Anzahl Mio	durchschnittl. jährliche Veränderung Prozent	Anzahl Mio	durchschnittl. jährliche Veränderung Prozent	Anzahl Mio	durchschnittl. jährliche Veränderung Prozent
1976[1]	26 733	.	26 733	.	26 733	.
1980	27 142	+ 0,4	27 142	+ 0,4	27 142	+ 0,4
1990	27 967	+ 0,3	27 967	+ 0,3	27 967	+ 0,3
2000	25 997	– 0,7	25 881	– 0,8	26 374	– 0,6
2010	24 075	– 0,8	23 475	– 1,0	26 336	0,0
2020	21 352	– 1,2	20 292	– 1,4	25 470	– 0,3
2030	17 861	– 1,8	16 296	– 2,2	24 322	– 0,5
2040	15 619	– 1,3	13 540	– 1,8	24 875	+ 0,2
2050	13 508	– 1,4	11 215	– 1,9	24 568	– 0,1
2060	11 522	– 1,6	9 135	– 2,0	24 246	– 0,1
2070	10 016	– 1,4	7 570	– 1,9	24 384	+ 0,1

[1] tatsächliche Werte
Quellen: Statistisches Bundesamt und eigene Berechnungen

Tabelle 31:
Erforderliche jährliche Erhöhung der Arbeitsproduktivität zur Erreichung einer Wachstumsrate von 3 Prozent sowie mögliche Wachstumsraten bei einer jährlichen Erhöhung der Arbeitsproduktivität um 3,5 Prozent, von 1976 bis 2070

Zeitraum	konstante Fruchtbarkeit in Prozent		rückläufige Fruchtbarkeit in Prozent		ansteigende Fruchtbarkeit in Prozent	
	Arbeitsproduktivität	Wachstum	Arbeitsproduktivität	Wachstum	Arbeitsproduktivität	Wachstum
1976–1980[1]	2,6	3,9	2,6	3,9	2,6	3,9
1980–1990[1]	2,7	3,8	2,7	3,8	2,7	3,8
1990–2000	3,7	2,8	3,8	2,7	3,6	2,9
2000–2010	3,8	2,7	4,0	2,5	3,0	3,5
2010–2020	4,2	2,3	4,4	2,1	3,3	3,2
2020–2030	4,9	1,6	5,3	1,2	3,5	3,0
2030–2040	4,3	2,2	4,9	1,6	2,8	3,7
2040–2050	4,4	2,1	5,0	1,5	3,1	3,4
2050–2060	4,6	1,8	5,1	1,4	3,1	3,4
2060–2070	4,4	2,1	5,0	1,5	2,9	3,6

[1] Die berechneten Raten ergeben keinen Abbau der derzeit hohen Arbeitslosigkeit
Quelle: eigene Berechnungen

Tabelle 32:
Erwerbspersonenzahlen und Erwerbsquoten bei unterschiedlichen Annahmen über die Fruchtbarkeit, Bundesrepublik Deutschland, von 1976 bis 2070

Jahr	konstante Fruchtbarkeit		rückläufige Fruchtbarkeit		ansteigende Fruchtbarkeit	
	Anzahl in Millionen	Erwerbsquote in Prozent	Anzahl in Millionen	Erwerbsquote in Prozent	Anzahl in Millionen	Erwerbsquote in Prozent
1976	26,7	43,5	26,7	43,5	26,7	43,5
1980	27,1	44,8	27,1	44,9	27,1	44,7
1990	28,0	47,9	28,0	48,4	28,0	46,0
2000	26,0	46,5	25,9	47,4	26,4	43,3
2010	24,1	46,4	23,5	47,1	26,3	44,1
2020	21,4	45,3	20,3	45,6	25,5	43,1
2030	17,9	42,6	16,3	42,3	24,3	41,9
2040	15,6	42,7	13,5	41,8	24,9	43,7
2050	13,5	43,1	11,2	42,3	24,6	43,6
2060	11,5	42,6	9,1	41,7	24,2	43,1
2070	10,0	42,9	7,6	42,2	24,4	43,6

Quelle: eigene Berechnungen

Tabelle 33:
Auszubildende bei unterschiedlichen Annahmen über die Fruchtbarkeit, Bundesrepublik Deutschland, von 1976 bis 2070

Jahr	gleichbleibende Fruchtbarkeit 1000		rückläufige Fruchtbarkeit 1000		ansteigende Fruchtbarkeit 1000	
	m	w	m	w	m	w
1976	1 056	583	1 056	583	1 056	583
1977	1 086	598	1 086	598	1 086	598
1978	1 110	611	1 110	611	1 110	611
1979	1 136	627	1 136	627	1 136	627
1980	1 162	643	1 162	643	1 162	643
1981	1 178	652	1 178	652	1 178	652
1982	1 189	658	1 189	658	1 189	658
1983	1 188	658	1 188	658	1 188	658
1984	1 179	653	1 179	653	1 179	653
1985	1 099	609	1 099	609	1 099	609
1990	837	466	837	466	837	466
1995	674	374	670	372	684	380
2000	695	385	656	363	821	454
2010	713	395	629	348	1 048	580
2020	529	293	460	255	810	448
2030	481	266	390	216	928	513
2040	427	236	333	184	921	509
2050	348	193	261	144	853	472
2060	312	173	221	122	913	505
2070	267	148	182	101	875	484

Quelle: eigene Berechnungen

Tabelle 34:
**Altersstruktur der Erwerbspersonen (in Prozent)
und Durchschnittsalter (in Jahren)**
von 1976 bis 2070
Annahme: gleichbleibende Fruchtbarkeit

Alter von .... bis unter .... Jahren	1976	2000	2030	2070
15 – 25	20,6	13,4	13,8	14,1
25 – 45	48,2	49,6	44,8	42,2
45 – 60	26,0	30,5	32,2	36,3
über 60	5,2	6,4	9,2	7,4
Durchschnittsalter in Jahren	37,4	39,9	41,1	41,1

Quellen: Statistisches Bundesamt und eigene Berechnungen

Tabelle 35:
**Kindergartenplätze je Kind bei unterschiedlicher Annahme
über die Fruchtbarkeit, Bundesrepublik Deutschland,**
von 1976 bis 2070

Jahr	gleichbleibende Fruchtbarkeit	rückläufige Fruchtbarkeit	ansteigende Fruchtbarkeit
1976	0,496	0,496	0,496
1980	0,597	0,597	0,597
1985	0,584	0,613	0,511
1990	0,548	0,612	0,389
1995	0,554	0,629	0,377
2000	0,634	0,719	0,431
2010	0,819	0,967	0,488
2020	0,855	1,082	0,415
2030	1,039	1,349	0,464
2040	1,217	1,669	0,456
2050	1,364	1,964	0,443
2060	1,628	2,384	0,467
2070	1,871	2,898	0,456

Quelle: eigene Berechnungen

Tabelle 36:
Schülerzahlen der allgemeinbildenden Schulen in der Bundesrepublik Deutschland
von 1976 bis 2070 (in Tausend)
Annahme: gleichbleibende Fruchtbarkeit

Jahr	Grund-Haupt-schulen	Sonder-schulen	Real-schulen	Gymnasien	Gesamt-schulen
1976	6 242	382	1 137	1 835	154
1978	5 731	371	1 141	1 850	152
1980	5 062	343	1 092	1 792	144
1985	3 930	249	795	1 396	106
1990	3 817	220	649	1 105	89
1995	4 015	230	670	1 097	92
2000	3 981	239	706	1 151	96
2010	3 041	191	591	996	79
2020	2 673	158	470	783	64
2030	2 415	147	446	737	60
2040	1 969	120	365	612	49
2050	1 747	105	315	523	43
2060	1 508	92	279	464	38
2070	1 279	77	234	391	32

Quelle: eigene Berechnungen

Tabelle 37:
**Durchschnittliche jährliche Veränderungen der Schülerzahlen
der allgemeinbildenden Schulen in der Bundesrepublik Deutschland
von 1976 bis 2070**
Annahme: gleichbleibende Fruchtbarkeit

Zeitraum oder Jahr	Veränderung in Prozent				
	Grund-Hauptschulen	Sonderschulen	Realschulen	Gymnasien	Gesamtschulen
1976	.	.	.	.	.
1978	− 4,2	− 1,5	+ 0,2	+ 0,4	− 0,7
1980	− 6,0	− 3,8	− 2,2	− 1,6	− 2,7
1985	− 4,9	− 6,2	− 6,2	− 4,9	− 5,9
1990	− 0,6	− 2,4	− 4,0	− 4,6	− 3,4
1995	+ 1,0	+ 0,9	+ 0,6	− 0,1	+ 0,7
2000	− 0,2	+ 0,8	+ 1,1	+ 1,0	+ 0,9
2010	− 2,7	− 2,2	− 1,8	− 1,4	− 1,9
2020	− 1,3	− 1,9	− 2,3	− 2,4	− 2,1
2030	− 1,0	− 0,7	− 0,5	− 0,6	− 0,6
2040	− 2,0	− 2,0	− 2,0	− 1,8	− 2,0
2050	− 1,2	− 1,3	− 1,5	− 1,6	− 1,3
2060	− 1,5	− 1,3	− 1,2	− 1,2	− 1,2
2070	− 1,6	− 1,8	− 1,7	− 1,7	− 1,7

Quelle: eigene Berechnungen

Tabelle 38:
Schülerzahlen der allgemeinbildenden Schulen in der Bundesrepublik Deutschland
von 1976 bis 2070 (in Tausend)
Annahme: ansteigende Fruchtbarkeit

Jahr	Grund-Haupt-schulen	Sonder-schulen	Real-schulen	Gymnasien	Gesamt-schulen
1976	6 242	382	1 137	1 835	154
1978	5 731	371	1 141	1 850	152
1980	5 062	343	1 092	1 792	144
1985	3 966	250	795	1 396	106
1990	4 352	233	662	1 126	92
1995	5 485	291	800	1 282	112
2000	5 818	343	1 004	1 590	137
2010	4 611	283	872	1 470	117
2020	5 019	281	809	1 323	112
2030	5 158	309	926	1 514	126
2040	4 730	278	828	1 378	113
2050	5 021	291	854	1 396	117
2060	4 879	290	867	1 428	118
2070	4 801	280	828	1 366	112

Quelle: eigene Berechnungen

Tabelle 40:
Studentenzahlen in der Bundesrepublik Deutschland
von 1976 bis 2070
Annahme: unterschiedliche Entwicklung der Fruchtbarkeit

Jahr	gleichbleibende Fruchtbarkeit		rückläufige Fruchtbarkeit		ansteigende Fruchtbarkeit	
	1 000	durchschnittliche jährliche Veränderung in Prozent	1 000	durchschnittliche jährliche Veränderung in Prozent	1 000	durchschnittliche jährliche Veränderung in Prozent
1976	892	·	892	·	892	·
1978	910	+ 1,0	910	+ 1,0	910	+ 1,0
1980	949	+ 2,1	949	+ 2,1	949	+ 2,1
1985	1 063	+ 2,3	1 063	+ 2,3	1 063	+ 2,3
1990	991	− 1,4	991	− 1,4	991	− 1,4
1995	701	− 6,7	701	− 6,7	701	− 6,7
2000	607	− 2,8	599	− 3,1	626	− 2,2
2010	665	+ 0,9	590	− 0,2	959	+ 4,4
2020	539	− 2,1	475	− 2,1	798	− 1,8
2030	440	− 2,0	367	− 2,5	770	− 0,4
2040	414	− 0,6	326	− 1,2	867	+ 1,2
2050	337	− 2,0	258	− 2,3	772	− 1,2
2060	293	− 1,4	212	− 1,9	806	+ 0,4
2070	258	− 1,3	179	− 1,7	809	+ 0,0

Quelle: eigene Berechnungen

Tabelle 41a:
Entwicklung der Belastung der Aktiven bei Ansatz der Kostenrelation von Hilde Wander
(in Prozent)
− unterschiedliche Fruchtbarkeitsannahmen −

Jahr	gleichbleibende Fruchtbarkeit			rückläufige Fruchtbarkeit			ansteigende Fruchtbarkeit		
	Anteil		Belastung 1976 ≙ 100	Anteil		Belastung 1976 ≙ 100	Anteil		Belastung 1976 ≙ 100
	Kinder/ Jugendliche	alter Menschen		Kinder/ Jugendliche	alter Menschen		Kinder/ Jugendliche	alter Menschen	
1976	28,3	19,8	100	28,3	19,8	100	28,3	19,8	100
2000	21,0	22,8	88,5	19,3	23,3	85,5	27,3	21,0	99,8
2030	17,6	32,3	97,5	15,1	35,3	97,1	27,2	23,4	103,8
2070	17,2	30,9	94,1	14,6	34,8	95,0	27,0	20,0	97,4

Quelle: Eigene Berechnungen

Tabelle 42a:
Relation alte Menschen / Erwerbspersonen und Entwicklung des Beitragssatzes für die gesetzliche Altersversorgung
− unterschiedliche Fruchtbarkeitsannahmen −

Jahr	gleichbleibende Fruchtbarkeit		rückläufige Fruchtbarkeit		ansteigende Fruchtbarkeit	
	Bevölkerungs-Relation	Beitragssatz, Prozent	Bevölkerungs-Relation	Beitragssatz, Prozent	Bevölkerungs-Relation	Beitragssatz, Prozent
1976	0,455	18,0	0,455	18,0	0,455	18,0
2000	0,490	19,4	0,492	19,5	0,485	19,2
2030	0,758	30,0	0,835	33,0	0,558	22,1
2070	0,720	28,5	0,825	32,6	0,459	18,2

Quelle: eigene Berechnungen

Tabelle 43:
**Aufteilung der Sozialleistungen
in der Bundesrepublik Deutschland 1975
nach Altersgruppen**

Funktion	Gesamtleistung in Milliarden DM	angenommenes Verhältnis der Pro-Kopf-Leistungen in den 3 Altersgruppen
Familie		
Kinder	26,0	1 : 0 : 0
Ehegatten	25,7	1 : 1 : 0
Mutterschaft	2,2	1 : 0 : 0
Gesundheit	106,2	1 : 2 : 4
Beschäftigung	20,6	2 : 1 : 0
Alte und Hinterbliebene	121,0	0 : 0 : 1
Folgen politischer Ereignisse	7,7	1 : 1 : 1
Wohnen	7,8	0,25 : 1 : 1
Sparförderung	15,9	0 : 1 : 0
Allgemeine Lebenshilfe	1,6	0,5 : 1 : 1
Sozialbudget insgesamt	334,7	

Quelle: Ulrich Geißler (1978), Tabelle 1

Tabelle 44a:
**Veränderung der globalen und der spezifischen
Sozialleistungsquoten nach Vorschlag von Geißler
– unterschiedliche Fruchtbarkeitsannahmen –**

Jahr	gleichbleibende Fruchtbarkeit Sozialleistungsquote				rückläufige Fruchtbarkeit Sozialleistungsquote				ansteigende Fruchtbarkeit Sozialleistungsquote			
	Kinder/ Jugendliche	20–60 Jahre	über 60 Jahre	global	Kinder/ Jugendliche	20–60 Jahre	über 60 Jahre	global	Kinder/ Jugendliche	20–60 Jahre	über 60 Jahre	global
1975	0,064	0,098	0,162	0,324	0,064	0,098	0,162	0,324	0,064	0,098	0,162	0,324
2000	0,041	0,098	0,155	0,294	0,037	0,098	0,155	0,290	0,059	0,098	0,155	0,312
2030	0,039	0,098	0,246	0,383	0,034	0,098	0,272	0,404	0,061	0,098	0,181	0,340
2070	0,037	0,098	0,227	0,362	0,032	0,098	0,263	0,393	0,057	0,098	0,144	0,299

Quelle: eigene Berechnungen

Tabelle 45:
Entwicklung der Krankenzahlen bei unterschiedlichen Fruchtbarkeitsannahmen von 1976 bis 2070

Jahr	gleichbleibende Fruchtbarkeit Millionen Kranke			rückläufige Fruchtbarkeit Millionen Kranke			ansteigende Fruchtbarkeit Millionen Kranke		
	insgesamt	in ärztl. Behandlung	in station. Behandlung	insgesamt	in ärztl. Behandlung	in station. Behandlung	insgesamt	in ärztl. Behandlung	in station. Behandlung
1976	9,6	8,3	1,3	9,6	8,3	1,3	9,6	8,3	1,3
2000	9,0	7,9	1,2	9,0	7,8	1,2	9,6	8,3	1,3
2030	7,7	6,8	1,0	7,4	6,5	1,0	9,4	8,1	1,2
2070	4,2	3,8	0,6	3,5	3,1	0,5	8,8	7,7	1,2

Quelle: eigene Berechnungen

Tabelle 47:
Ärzte und Krankenpflegepersonal bei unterschiedlichen Fruchtbarkeitsannahmen von 1976 bis 2070

Jahr	gleichbleibende Fruchtbarkeit				rückläufige Fruchtbarkeit				ansteigende Fruchtbarkeit			
	Ärzte 1000	Kranke/ Arzt	Pflegepersonal 1000	Stat. Kranke Pflegepersonal	Ärzte 1000	Kranke/ Arzt	Pflegepersonal 1000	Stat. Kranke Pflegepersonal	Ärzte 1000	Kranke/ Arzt	Pflegepersonal 1000	Stat. Kranke Pflegepersonal
1976	122	79	228	5,7	112	79	228	5,7	122	79	228	5,7
2000	132	69	226	5,3	132	68	225	5,3	132	73	227	5,7
2030	87	89	152	6,6	81	91	138	7,2	112	84	206	5,8
2070	50	84	87	6,9	38	92	65	7,7	114	77	214	5,6

Quelle: eigene Berechnungen

6. Anmerkungen

[1] Es liegt bereits eine ausführliche Antwort der Bundesregierung auf eine kleine Anfrage der CDU/CSU Fraktion im Deutschen Bundestag vor. Vgl. Bundestagsdrucksache 8/680 vom 24. Juni 1977.

[2] „Sterben die Deutschen aus", Sendung der ARD vom 20. April 1978, Autoren Werner Filmer, Dieter Storp.

[3] „Sterben die Deutschen aus", Der Spiegel, Heft 13, 1975.

[4] Der positive Wanderungssaldo von 1977 von 33 000 Personen deutet noch keine Tendenzwende an. Er wurde in erster Linie durch den – zeitlich begrenzten – Zuzug von Aussiedlern aus Polen hervorgerufen.

[5] Karl Schwarz, Das deutsche Defizit, in: Lutz Franke / Hans W. Jürgens (Hrsg.), Keine Kinder – Keine Zukunft? Boppard 1978, Seite 19 bis 34.

[6] Nach neuesten Informationen der Vereinten Nationen sind die Geburtenraten in der Mehrzahl der Entwicklungsländer in den letzten Jahren um etwa 15 Prozent gesunken. Vgl. Die UNO hofft auf den „Pillenknick", Süddeutsche Zeitung, Nr. 146 vom 29. Juni 1978.

[7] United Nations, Department of Economic and Social Affairs, World population prospects as assessed in 1973, Population Studies No. 60, New York 1977.

[8] Im internationalen Rahmen wird meist die Bruttoreproduktionsrate anstelle der – zutreffenderen – Nettoreproduktionsrate verwendet, da viele Länder noch keine ausreichenden Sterblichkeitsstatistiken haben. Bei der Nettoreproduktionsrate wird zusätzlich berücksichtigt, daß einige Frauen vor Beendigung der reproduktionsfähigen Periode sterben.

[9] Inzwischen sind die Projektionen der Vereinten Nationen aufgrund der jüngsten Rückgänge der Geburtenraten nach unten revidiert worden. Für 2000 wird jetzt „nur noch" mit einer Gesamtbevölkerung von 5,8 Milliarden gerechnet. Vgl. Süddeutsche Zeitung vom 29. Juni 1978.

[10] Vgl. Nathan Keyfitz, On the momentum of population growth, in: Demography, 8 (1971), Seite 71 bis 80.

[11] Ansley J. Coale, Introduction, in: Coale (Hrsg.), Economic Factors in Population Growth, London 1976, Seite XVI.

[12] Wenn im folgenden von Großbritannien gesprochen wird, ist regelmäßig das Vereinigte Königreich, also Großbritannien und Nordirland, gemeint. Mit dieser etwas ungenauen Bezeichnung wird dem Sprachgebrauch in der Bundesrepublik Rechnung getragen.

[13] United Nations, World Population Prospects . . ., (siehe Anm. 7).

[14] Wilfried Linke, Charlotte Höhn, Voraussichtliche Bevölkerungsentwicklung bis 1990, in: Wirtschaft und Statistik, Heft 11, 1975, Seite 793 bis 798.

[15] Charlotte Höhn, Kinderzahl ausgewählter Ehejahrgänge, in: Wirtschaft und Statistik, Heft 8, 1976, Seite 484 ff.

[16] Karl Schwarz, Gründe des Geburtenrückganges 1966 bis 1975 und für das Nullwachstum erforderliche Kinderzahl der Ehen, in: Wirtschaft und Statistik, Heft 6, 1977, Seite 374 ff.

[17] Karl Schwarz, Gründe des Geburtenrückganges . . ., (siehe Anm. 16).

[18] Hermann Schubnell, Der Geburtenrückgang in der Bundesrepublik Deutschland – Entwicklung, Ursachen, Auswirkungen – Schriftenreihe des Bundesministeriums für Jugend, Familie und Gesundheit, Heft 6, 1973, Seite 49.

[19] Vgl. hierzu Max Wingen, Rahmensteuerung der Bevölkerungsbewegung als gesellschaftspolitische Aufgabe. Beilage zur Wochenzeitung „das parlament" vom 31. Dezember 1977.

[20] Ebenda, Seite 12.

[21] Hans W. Jürgens, Sind zwei Kinder schon zuviel? (siehe Anm. 5), Seite 44.

[22] Bundestagsdrucksache 8/680 vom 24. Juni 1977, Seite 2 f.

[23] Vgl. Hans W. Jürgens, Katharina Pohl, Kinderzahl – Wunsch und Wirklichkeit, Stuttgart 1975, Seite 89 ff.

[24] Zur Methode vgl. Günter Buttler, Bernd Hof, Bevölkerung und Arbeitsmarkt bis zum Jahr 2000, Köln 1977.

[25] Eidgenössisches Statistisches Amt, Beiträge zur Schweizerischen Statistik, Heft 4, 1977.

[26] Karl Schwarz, Gründe des Geburtenrückganges . . . (siehe Anm. 16), Seite 378.

[27] Diese Annahmen entsprechen anfangs in etwa einer Nettoreproduktionsrate von 0,68 für die Gesamtbevölkerung, also der Variante 1. Später erhöht sich die Gesamtrate jedoch infolge des steigenden Ausländeranteils (mit angenommener höherer Fruchtbarkeit).

[28] Hans W. Jürgens, Katharina Pohl, Kinderzahl . . ., (siehe Anm. 23), Seite 54 ff.

[29] John Maynard Keynes, Some Economic Consequences of a Declining Population, in: Eugenics Review 29, 1937, Seite 31 ff. Alvin H. Hansen, Economic Progress and Declining Population Growth, in: American Economic Review 29, 1969, Seite 1 ff.

[30] Vgl. United Nations, The Determinants and Consequences of Population Trends, Vol. I, New York 1973, Seite 452 ff.

[31] Hilde Wander, Die Folgen des Geburtenrückganges für Wirtschaft und Beschäftigungssystem, in: Warnfried Dettling (Hrsg.), Schrumpfende Bevölkerung, Wachsende Probleme? München – Wien 1978, Seite 100.

[32] Wolfgang Klauder, Wirtschafts- und arbeitsmarktpolitische Konsequenzen der demographischen Entwicklung, in: Konsequenzen des Geburtenrückganges für ausgewählte Politikbereiche, Schriftenreihe des Bundesministers für Jugend, Familie und Gesundheit, Band 58, Stuttgart 1978, Seite 117.

[33] Berechnungen von Hilde Wander haben ergeben, daß bei stabilen Bevölkerungen der Anteil der Personen im erwerbsfähigen Alter — und damit auch die Erwerbsquote — am höchsten ist bei einer Nettoreproduktionsrate von 0,9. Vgl. Hilde Wander, Demographic Aspects of the Active Population, Council of Europe, Seminar on the Implications of a Stationary or Declining Population in Europe, Strasbourg 1976, Seite 3.

[34] Franz Xaver Kaufmann, Die Überalterung, Ursachen, Verlauf, wirtschaftliche und soziale Auswirkungen des demographischen Alterungsprozesses, Zürich — St. Gallen 1960, Seite 500.

[35] Vgl. hierzu die umfassende Darstellung bei Franz Xaver Kaufmann, (siehe Anm. 34), Seite 499 ff.

[36] Ebenda, Seite 268 ff.

[37] Ebenda, Seite 211.

[38] Ebenda, Seite 212 ff.

[39] Ebenda, Seite 207.

[40] Dies ist auch der Tenor einer Untersuchung der Vereinten Nationen. Vgl. United Nations, Determinants and Consequences (siehe Anm. 30), Seite 489 ff.

[41] Hilde Wander, Folgen des Geburtenrückganges . . ., (siehe Anm. 31), Seite 104.

[42] Hans W. Jürgens, Sozialpsychologische Aspekte eines Bevölkerungsrückganges, in: Warnfried Dettling (Hrsg.), Schrumpfende Bevölkerung, (siehe Anm. 31), Seite 142.

[43] Hilde Wander, Folgen des Geburtenrückganges . . ., (siehe Anm. 31), Seite 104 f.

[44] Kenneth E. Boulding, The Shadows of the Stationary State, in: Daedalus, 102 (4), 1974, Seite 94.

[45] Nathan Keyfitz, Individual Mobility in a Stationary Population, in: Population Studies, 27 (2), 1973, Seite 335 bis 352.

[46] Hierzu zählen auch etwa 40 Prozent der 6jährigen, die am Stichtag der Einschulung noch nicht schulpflichtig sind.

[47] Rudolf Riefers, Demographisch bedingte Probleme im Bereich des Bildungswesens, in: Konsequenzen des Geburtenrückganges, (siehe Anm. 32), Seite 62.

[48] Raimund Ritter, Lehrer ohne Schüler? Bildungssystem und demographische Entwicklung, in: Warnfried Dettling (Hrsg.), Schrumpfende Bevölkerung, (siehe Anm. 31), Seite 128 ff.

[49] Alfons Otto Schorb, (Hrsg.), Schulversuche mit Gesamtschulen in Bayern, Ergebnisse der wissenschaftlichen Begleitung 1971–1976, Schriftenreihe des Staatsinstituts für Bildungsforschung, München — Stuttgart 1977, Seite 403.

[50] Akademischer Dienst, Kultur- und bildungspolitische Informationen, Nr. 28 vom 12. Juli 1977, Seite 331.

[51] Gustav Feichtinger, Ursachen und Konsequenzen des Geburtenrückganges, in: Soziale Probleme der modernen Industriegesellschaft, 1. Halbband, Schriften des Vereins für Socialpolitik, NF, Band 92, I, Berlin 1977, Seite 413.

[52] Die Kultusministerkonferenz kommt unter bestimmten Annahmen über die Wirksamkeit der Regelungen des Hochschulrahmengesetzes und steigende Übergangsquoten sogar zu einer Zahl von 1,265 Millionen Studierenden für 1985. Vgl. Rudolf Riefers, Demographisch bedingte Probleme . . ., (siehe Anm. 47 und 32), Seite 75.

[53] Hilde Wander, Die Folgen des Geburtenrückganges, (siehe Anm. 31), Seite 105 f.

[54] Vgl. United Nations, Determinants and Consequences . . ., (siehe Anm. 30), Seite 289 ff.

[55] Hilde Wander, Short, Medium and Long Term Implications of a Stationary or Declining Population on Education, Labour Force, Housing Needs, Social Security and Economic Development, in: International Population Conference, Mexico 1977, Vol. 3, Seite 107 f.

[56] Vgl. Günter Buttler, Achim Seffen, Modellrechnungen zur Rentenfinanzierung, Beiträge Nr. 17, Institut der deutschen Wirtschaft, Köln 1975, Seite 38.

[57] Ulrich Geißler, Die Auswirkungen der längerfristigen Bevölkerungsentwicklung auf die Sozialleistungsquote, Arbeitspapier, vorgelegt im Ausschuß „Bevölkerungsentwicklung und nachwachsende Generation", Bonn 20. Juni 1978.

[58] So auch Baldur Wagner, Vom Generationenvertrag zum Generationenkonflikt? Kranken- und Rentenversicherung im Jahr 2000, in: Warnfried Dettling (Hrsg.), Schrumpfende Bevölkerung . . ., (siehe Anm. 31), Seite 116 ff.

[59] Karl Schwarz, Auswirkungen einer rückläufigen Bevölkerungsentwicklung auf das Gesundheitswesen, in: Konsequenzen des Geburtenrückgangs, (siehe Anm. 32), Seite 78 bis 96.

[60] J. Huschenbeth, H. H. Steiger, Kranke und unfallverletzte Personen im April 1974, in: Wirtschaft und Statistik, Heft 9, 1976, Seite 554 ff.

[61] Karl Schwarz, Auswirkungen einer rückläufigen Bevölkerungsentwicklung auf das Gesundheitswesen, in: Konsequenzen des Geburtenrückgangs, (siehe Anm. 32), Seite 90 f.

[62] 1974 wiesen von 370 Kreisen des Bundesgebietes nur noch 20 eine Nettoreproduktionsrate über 1 aus. Vgl. Geburtenhäufigkeit in den Kreisen des Bundesgebietes, 1961, 1970 und 1974, in: Wirtschaft und Statistik, Heft 6, 1977, Seite 388.

[63] Karl Schwarz, Planung unter veränderten Verhältnissen – Demographische Aspekte, in: Planung unter veränderten Aspekten, Akademie für Raumforschung und Landesplanung, Forschungs- und Sitzungsberichte, Band 108, Hannover 1976, Seite 6 f.

[64] Vgl. Wolf Selke, Raumordnung unter veränderten demographischen Verhältnissen, in: Konsequenzen des Geburtenrückganges . . ., (siehe Anm. 32), Seite 131.

[65] Karl Schwarz, Planung unter veränderten Verhältnissen . . ., (siehe Anm. 63), Seite 6.

[66] So auch Hans Joachim Hoffmann-Nowotny, Zur Bedeutung einer rückläufigen Bevölkerungsentwicklung für Gesellschaft und Familie, in: Konsequenzen des Geburtenrückganges . . ., (siehe Anm. 32), Seite 39 bis 55, Max Wingen, Bevölkerungsrückgang und Familie – Zur Bedeutung des demographischen Wandels für soziale und ökonomische Strukturen und Funktionen der Familie, in: Zeitschrift für Bevölkerungswissenschaft, Heft 3, Seite 74 bis 102.

[67] Hans Joachim Hoffmann-Nowotny, Zur Bedeutung einer rückläufigen Bevölkerungsentwicklung . . ., (siehe Anm. 66), Seite 48 ff.

[68] Hans W. Jürgens, Katharina Pohl, Kinderzahl . . ., (siehe Anm. 23).

[69] Hans Joachim Hoffmann-Nowotny, Zur Bedeutung . . ., (siehe Anm. 66), Seite 52.

[70] Franz Xaver Kaufmann, Die Überalterung . . ., (siehe Anm. 34), Seite 233.

[71] Hans Joachim Hoffmann-Nowotny, Zur Bedeutung . . ., (siehe Anm. 66), Seite 44.

[72] Franz Xaver Kaufmann, Die Überalterung . . ., (siehe Anm. 34), Seite 216 ff.

[73] Ebenda Seite 236.

[74] Ebenda Seite 237.

Dr. rer. pol. Günter Buttler, geboren 1938 in Wanne-Eickel. Nach Studium in Freiburg und Köln seit 1964 an der Universität Köln. 1975 Habilitation in Statistik. Seit 1978 Ordinarius für Statistik an der Universität Erlangen–Nürnberg.

Sachbuchreihe

Die div-Sachbuchreihe bringt kontrovers diskutierte Themen aus Wirtschaft, Staat und Gesellschaft. Sie wendet sich an politisch interessierte Leser, an den akademischen Nachwuchs, an Führungskräfte in Wirtschaft und Verwaltung, kurz an alle, die an der gesellschaftspolitischen Auseinandersetzung Anteil nehmen. Autoren der Reihe sind Wissenschaftler und Publizisten: aus den Institutionen der Wirtschaft, aus den Hochschulen, aus Unternehmen. Sie behandeln ihre Themen sachlich und übersichtlich, sie liefern Arbeitsmaterial zu aktuellen Fragen.

Lieferbare Titel:

Band 9 · Konrad Löw
Ausbeutung des Menschen durch den Menschen
540 Seiten, DM 26,80, ISBN 3–88054–014–4

Band 10 · Reinhold Bergler
Vorurteile – erkennen, verstehen, korrigieren
240 Seiten, DM 18,80, ISBN 3–88054–009–8

Band 11 · Siegfried Häussler
Gesundheitspolitik – Reform durch Zwang oder Einsicht?
164 Seiten, DM 16,80, ISBN 3–88054–010–1

Band 13 · Roland Nitsche
Unternehmer – Soll und Haben
244 Seiten, DM 18,80, ISBN 3–88054–012–8

Band 15 · Hans E. Büschgen / Klaus Steinbrink
Verstaatlichung der Banken?
Forderungen und Argumente
240 Seiten, DM 24,80, ISBN 3–88054–015–2

Band 16 · Ludwig Bress / Winfried Schlaffke
Marktwirtschaft
Kulturelle Motivation und Innovation
128 Seiten, DM 14,80, ISBN 3–88054–116–0

Band 17 · Klaus-U. Ebmeyer
Szenen aus der Arbeitswelt
176 Seiten, DM 14,80, ISBN 3–88054–017–9

Band 18 · Ulrich Waas
Kernenergie – ein Votum für Vernunft
256 Seiten, DM 16,80, ISBN 3–88054–018–7

 Deutscher Instituts-Verlag GmbH
Oberländer Ufer 84/88, Postf. 51 06 70,
5000 Köln 51
Telefon (02 21) 3 70 43 41, Telex 8 882 768